# Erste Polnische Fragen und Antworten für Anfänger

# Wiktor Kopernikus

# Erste Polnische Fragen und Antworten für Anfänger

## Sprachniveau A1 und A2

## Zweisprachig mit Polnisch-deutscher Übersetzung

LANGUAGE
PRACTICE
PUBLISHING

Erste Polnische Fragen und Antworten für Anfänger
von Wiktor Kopernikus

**Audiodateien www.lppbooks.com/Polish/EPFA/**

**Homepage www.audiolego.com**

# Zawartość
## Inhaltsverzeichnis

# Polski alphabet
## Das polnische Alphabet

| Buchstabe | Lautschrift (IPA) | Aussprache |
| --- | --- | --- |
| a | [ a ] | kurzes a wie in B**a**d |
| ą | [ õ ] | Nasallaut, wie in B**on**bon |
| b | [ b ] | b wie in **B**ach |
| c | [ ts ] | z wie in **Z**aun |
| ć | [ tç ] | tch, wie in Brö**tch**en |
| d | [ d ] | d wie in **D**om |
| e | [ ɛ ] | wie deutsches ä in **Ä**pfel |
| ę | [ ɛ̃ ] | Nasallaut wie in Cous**in** |
| f | [ f ] | f wie in **F**isch |
| g | [ g ] | g wie in **G**arten |
| h | [ x ] | ch wie in Ba**ch** |
| i | [ i ] | i wie in **I**nsel |
| j | [ j ] | j wie in **j**etzt |
| k | [ k ] | k wie in **K**orn |
| l | [ l ] | l wie in **L**eben |
| ł | [ w ] | w wie im engl. **w**ood |
| m | [ m ] | m wie in **M**ilch |
| n | [ n ] | n wie in **N**ame |
| ń | [ ŋ ] | n wie ng in Ko**gn**ac |
| o | [ ɔ ] | o wie in **O**tto |
| ó | [ u ] | u wie in **U**hr |

| p | [ p ] | p wie in **P**iste |
| r | [ r ] | gerolltes Zungen -r wie in **R**uder |
| s | [ s ] | s immer wie deutsches ss/ß, z.B. in Flu**ss** (auch bei st/sp) |
| ś | [ ç ] | ch wie in Re**ch**t |
| t | [ t ] | t wie in **T**isch |
| u | [ u ] | u wie in **U**hr |
| w | [ v ] | w wie in **W**inter |
| y | [ ɨ ] | i wie in **T**isch |
| z | [ z ] | s wie in **S**inger |
| ź | [ ʑ ] | stimmhafter Zischlaut |
| ż | [ ʒ ] | weiches, stimmhaftes sch wie in **J**ournalist |

| **Digraph** | **Lautschrift (IPA)** | **Aussprache** |
| --- | --- | --- |
| ch | [x] | wie ma**ch**en |
| cz | [t͡ʂ] | wie Deu**tsch**land |
| dz | [d͡z] | wie engl. be**ds** |
| dź | [d͡ʑ] | wie engl. **J**eep |
| dż | [d͡ʐ] | wie **Dsch**ungel |
| rz | [ʐ] | wie **J**ournalist |
| sz | [ʂ] | wie **Sch**ule |

## Przełam lody
### Brich das Eis

Dwaj mali chłopcy rozmawiają.

„Ile lat ma twój młodszy brat?" pyta jeden z chłopców.

„Ma jeden", odpowiada drugi chłopiec.

„Mój szczeniak też ma jeden, ale potrafi chodzić lepiej niż twój brat".

„Wow! Czy twój szczeniak może wspiąć się na drzewo?"

„Tak! Prawdopodobnie."

Zwei kleine Jungen reden.

„Wie alt ist dein jüngerer Bruder?" fragt einer der Jungen.

„Er ist ein Jahr alt", antwortet der andere Junge.

„Mein Welpe ist auch ein Jahr alt, aber er kann besser laufen als dein Bruder."

„Toll! Kann dein Welpe auf einen Baum klettern?"

„Ja! Wahrscheinlich."

## Dane personalne
Persönliche Informationen

**A**

Nazywam się Anna Maria Kowalska. Jestem Polką. Urodziłam się i mieszkam w Warszawie. Mój adres to ulica Mickiewicza 125, mieszkanie numer 15. Mam dwadzieścia trzy lata. Jestem mężatką. Pracuję w banku jako bankier. Mój numer telefonu to 0501234567. Mówię po angielsku i po polsku.

To jest mój przyjaciel. Nazywa się Jan Andrzej Nowak. On również

Ich heiße Anna Maria Kowalska. Ich bin Polin. Ich bin in Warschau geboren und wohne dort. Meine Adresse ist Mickiewicza Straße 125, Wohnung 15. Ich bin dreiundzwanzig Jahre alt. Ich bin verheiratet. Ich arbeite in einer Bank als Banker. Meine Telefonnummer ist 0501234567. Ich spreche Englisch und Polnisch.

Das ist mein Freund. Sein Name ist Jan Andrzej Nowak. Er ist

jest Polakiem. Urodził się i mieszka w Krakowie. Jego adres to ulica Słowackiego 277, mieszkanie 327. Ma dwadzieścia pięć lat. Jest żonaty. Pracuje w firmie zajmującej się handlem detalicznym. Jest administratorem sieci komputerowej. Mieszka w swoim własnym domu. Jego numer telefonu to 0931234567. Jan mówi po polsku i po niemiecku.

auch Pole. Er ist in Krakow geboren und wohnt dort. Seine Adresse ist Słowackiego Straße 277, Wohnung 327. Er ist fünfundzwanzig Jahre alt. Er ist verheiratet. Jan arbeitet bei einem Einzelhandelsunter-nehmen. Er ist Computernetz-werkadministrator. Er wohnt in seinem eigenen Haus. Seine Telefonnummer ist 0931234567. Jan spricht Polnisch und Deutsch.

# B

### Pytania i odpowiedzi

**1**

- Jak masz na imię?
- Mam na imię Anna.

**2**

- Jak masz na drugie imię?
- Na drugie imię mam Maria.

**3**

- Jak masz na nazwisko?
- Na nazwisko mam Kowalska.

**4**

- Gdzie się urodziłaś?
- Urodziłam się w Warszawie.

**5**

- Uczysz się czy pracujesz?
- Pracuję w banku.

### Fragen und Antworten

**1**

- Wie heißt du?
- Ich heiße Anna.

**2**

- Wie ist dein zweiter Vorname?
- Mein zweiter Vorname ist Maria.

**3**

- Wie ist dein Nachname?
- Mein Nachname ist Kowalska.

**4**

- Wo bist du geboren?
- Ich bin in Warschau geboren.

**5**

- Arbeitest oder studierst du?
- Ich arbeite in der Bank.

6

- Ile masz lat?
- Mam dwadzieścia trzy lata.

- Wie alt bist du?
- Ich bin dreiundzwanzig Jahre alt.

7

- Kiedy są twoje urodziny?
- Moje urodziny są 21 stycznia.

- Wann hast du Geburtstag?
- Ich habe am 21. Januar Geburtstag.

8

- Jaki jest twój numer telefonu?
- Mój numer telefonu to 0501234567.

- Was ist deine Telefonnummer?
- Meine Telefonnummer ist 0501234567.

9

- Jesteś panną czy mężatką?
- Jestem panną.

- Bist du verheiratet oder ledig?
- Ich bin verheiratet.

10

- Mieszkasz w domu czy w mieszkaniu?
- Mieszkam w mieszkaniu.

- Wohnst du in einem Haus oder einer Wohnung?
- Ich wohne in einer Wohnung.

11

- Jakie znasz języki?
- Znam polski i angielski.

- Welche Sprachen sprichst du?
- Ich spreche Polnisch und Englisch.

12

- Masz przyjaciela? Jak ma na imię?
- Ma na imię Jan Andrzej Nowak.

- Hast du einen Freund? Wie heißt er?
- Er heißt Jan Andrzej Nowak.

13

- Jakiej jest narodowości?
- Jest Polakiem.

- Was ist seine Nationalität?
- Er ist Pole.

14

- Gdzie się urodził?
- Urodził się i mieszka w Krakowie.

- Wo ist er geboren?
- Er ist in Krakow geboren und wohnt dort.

15

- Jaki jest adres Jana?

- Was ist Jans Adresse?

- Jego adres to ulica Słowackiego 277, mieszkanie 27.

16

- Ile ma lat?
- Ma dwadzieścia pięć lat.

17

- Gdzie pracuje?
- Pracuje w firmie zajmującej się handlem detalicznym.

18

- Jakie jest jego stanowisko w tej firmie?
- Jest administratorem sieci komputerowej.

19

- Twój przyjaciel mieszka w mieszkaniu czy we własnym domu?
- Mieszka w swoim własnym domu.

20

- Jaki jest jego numer telefonu?
- Jego numer telefonu to 1234567890.

21

- W jakich językach mówi?
- Mówi po polsku i po niemiecku.

- Seine Adresse ist Słowackiego Straße 277, Wohnung 27.

16

- Wie alt ist er?
- Er ist fünfundzwanzig Jahre alt.

17

- Wo arbeitet er?
- Er arbeitet in einem Einzelhandelsunternehmen.

18

- Was macht er in diesem Unternehmen?
- Er ist ein Computernetzwerk-administrator.

19

- Wohnt dein Freund in einer Wohnung oder in seinem eigenen Haus?
- Er wohnt in seinem eigenen Haus.

20

- Was ist seine Telefonnummer?
- Seine Telefonnummer ist 1234567890.

21

- Welche Sprachen spricht er?
- Er spricht Polnisch und Deutsch.

# C

Najlepszą metodą nauki jest po prostu zacząć.
Der beste Weg etwas zu lernen, ist damit anzufangen.

## Przełam lody
### Brich das Eis

Mała Patrycja wraca ze szkoły do domu. Mama każe jej odrabiać lekcje.

„Dobrze, mamo. Ale najpierw możesz włączyć kreskówkę, w której mały piesek smutno śpiewa? Chce mi się trochę popłakać", mówi dziewczynka do mamy.

„Poczekaj kochanie. Jesteś zmęczona", mówi mama. „Zjedz najpierw obiad. A potem połóż się trochę spać".

Die kleine Patricia kommt von der Schule nach Hause. Ihre Mutter sagt ihr, sie soll Hausaufgaben machen.

„Okay, Mama. Aber kannst du zuerst den Zeichentrickfilm einschalten, in dem ein kleiner Hund traurig singt? Ich möchte ein bisschen weinen", sagt das Mädchen zu ihrer Mutter.

„Warte Schatz. Du bist müde", sagt die Mutter. „Iss zuerst zu Mittag. Und geh dann ein wenig schlafen."

## Cechy osobiste
Persönliche Qualitäten

**A**

Staram się zawsze zachowywać dobre maniery. Dzięki temu mój mąż również przejawia pozytywne cechy. W dzisiejszych czasach większość ludzi to materialiści, którym brak dobrych manier. Mój mąż mówi czasem, że jestem idealistką, ale ja staram się być realistką. Myślę, że jestem optymistką, a on czasem przejawia pesymizm. Wieczorem, gdy mam szansę na romantyczne spędzenie czasu, zapominam o negatywnych rzeczach i myślę tylko o tych pozytywnych. Idziemy z

Ich versuche immer wohlgesittet zu sein. Infolgedessen ist mein Ehemann auch positiver. Heutzutage sind viele Menschen materialistisch und schlecht erzogen. Mein Ehemann sagt manchmal ich sei ein Idealist, obwohl ich versuche ein Realist zu sein. Ich denke ich bin ein Optimist, und er zeigt manchmal Pessimismus. Am Abend, wenn wir die Möglichkeit haben die Zeit romantisch zu verbringen, vergesse ich das Negative und erinnere mich

mężem do klubu albo do kawiarni i zapominamy o wszystkich problemach. Tańczymy i pijemy koktajle. Wiem dobrze, że o problemach należy myśleć rano, a wieczorem należy o nich zapomnieć. Mój optymizm pomaga mi zapomnieć o wszystkich negatywnych stronach codziennego życia.

an das Positive. Mein Ehemann und ich gehen in einen Club oder ein Café und vergessen alle Probleme. Wir tanzen und trinken Cocktails. Ich weiß, dass man über Probleme am Morgen nachdenken sollte und sie am Abend vergessen sollte. Mein Optimismus hilft mir alles Negative des Alltagslebens zu vergessen.

# B

### Pytania i odpowiedzi

**1**

- Co starasz się pokazać?
- Staram się pokazać dobre maniery.

**2**

- Jakie cechy przejawia twój mąż?
- Mój mąż przejawia pozytywne cechy.

**3**

- Kim starasz się być?
- Staram się być realistką.

**4**

- Co czasem przejawia twój mąż?
- Czasem przejawia pesymizm.

**5**

- Dokąd chodzisz z twoim mężem?
- Mój mąż i ja chodzimy do klubu albo do kawiarni.

### Fragen und Antworten

**1**

- Was versuchst du zu zeigen?
- Ich versuche wohlgesittet zu sein.

**2**

- Wie ist dein Ehemann orientiert?
- Mein Ehemann ist eher positiv.

**3**

- Wer versuchst du zu sein?
- Ich versuche ein Realist zu sein.

**4**

- Was zeigt dein Ehemann manchmal?
- Er zeigt manchmal Pessimismus.

**5**

- Wo gehst du mit deinem Ehemann hin?
- Mein Ehemann und ich gehen in

- Co tam robicie?
- Tańczymy i pijemy koktajle.

6

- O czym powinno się zapomnieć wieczorem?
- Wieczorem powinno się zapomnieć o problemach.

7

- W czym pomaga ci twój optymizm?
- Mój optymizm pomaga mi zapomnieć o wszystkich negatywnych stronach codziennego życia.

einen Club oder ein Café.
- Was macht ihr da?
- Wir tanzen und trinken dort Cocktails.

6

- Was sollte man am Abend vergessen?
- Am Abend sollte man die Probleme vergessen.

7

- Wobei hilft dir dein Optimismus?
- Mein Optimismus hilft mir alles Negative des Alltags zu vergessen.

 C

Brak wiadomości to dobra wiadomość.

Keine Nachrichten sind gute Nachrichten.

Mój dom jest moją twierdzą.

Mein Haus ist meine Burg.

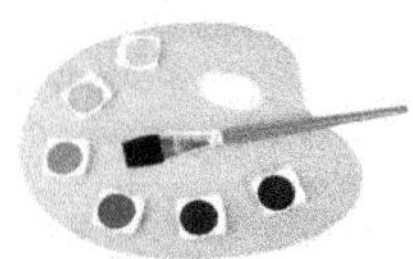

# Przełam lody
## Brich das Eis

„Jestem głodna", mówi mała dziewczynka do swojego taty.

„Czy chciałabyś hamburgera lub trochę zupy?" pyta tata.

„Tak", odpowiada dziewczynka.

„A może sałatkę?" pyta tata.

„Tak", powtarza dziewczynka.

„To które? Zupa czy sałatka?" pyta tata.

„Cukierek", odpowiada dziewczynka.

„Ich bin hungrig", sagt ein kleines Mädchen zu ihrem Vater.

„Hättest du gerne einen Hamburger oder etwas Suppe?", fragt der Vater.

„Ja", antwortet das Mädchen.

„Wie wäre es mit etwas Salat?", fragt der Vater.

„Ja", wiederholt das Mädchen.

„Was? Suppe oder Salat?", fragt der Vater.

„Einen Bonbon", antwortet das Mädchen.

## Wygląd
Erscheinung

 **A**

Jestem średniego wzrostu. Mam sto sześćdziesiąt dziewięć centymetrów wzrostu (169). Jestem dobrze zbudowana. Ważę około sześćdziesięciu pięciu kilogramów (65). Mam długie, proste i gęste włosy. Mam typową europejską twarz. Moje oczy są niebieskie, mój nos jest prosty, a uszy małe. Mam długą szyję i wąską talię. Jestem silna i energetyczna. Mój mąż mówi, że jestem piękna.

Ich bin mittelgroß. Ich bin hundert neunundsechzig Zentimeter groß. Ich bin gut gebaut. Mein Gewicht ist etwa fünfundsechzig Kilo. Ich habe lange, glatte, dicke Haare. Mein Gesicht ist typisch europäisch. Meine Augen sind blau, meine Nase ist gerade und meine Ohren sind klein. Ich habe einen langen Hals und eine schmale Taille. Ich bin stark und tatkräftig. Mein Ehemann sagt, ich bin hübsch.

Mój przyjaciel Jan jest wysoki. Jest umięśniony. Ma krótkie, falujące włosy. Jego twarz jest typowo europejska. Jego oczy są szare, a nos prosty. Ma silne ramiona i długie, silne nogi. Jest energetyczny i przyjacielski.

Mein Freund Jan ist groß. Er ist muskulös. Er hat kurze, wellige Haare. Sein Gesicht ist typisch europäisch. Seine Augen sind grau und seine Nase ist gerade. Er hat kräftige Arme und lange, kräftige Beine. Er ist tatkräftig und freundlich.

# B

## Pytania i odpowiedzi

### 1
- Jesteś wysoka czy niska?
- Jestem średniego wzrostu.

### 2
- Ile masz wzrostu?
- Mam sto sześćdziesiąt dziewięć centymetrów wzrostu.

### 3
- Masz nadwagę czy jesteś szczupła?
- Mam szczupłą figurę.

### 4
- Jakie masz włosy?
- Mam długie, proste i gęste włosy.

### 5
- Jakiego kształtu jest twoja twarz?
- Mam typową europejską twarz.

### 6
- Jakiego koloru są twoje oczy?
- Mam niebieskie oczy.

## Fragen und Antworten

### 1
- Bist du groß oder klein?
- Ich bin durchschnittlich groß.

### 2
- Wie groß bist du?
- Ich bin hundert neunundsechzig Zentimeter groß.

### 3
- Bist du übergewichtig oder dünn?
- Ich habe eine schlanke Figur.

### 4
- Welchen Haartyp hast du?
- Ich habe lange, glatte, dicke Haare.

### 5
- Welche Form hat dein Gesicht?
- Ich habe ein typisch europäisches Gesicht.

### 6
- Welche Augenfarbe hast du?
- Ich habe blaue Augen.

- Jaka jesteś? Opisz siebie.
- Mam prosty nos i małe uszy.
Mam długą szyję i wąską talię.

8

- Jesteś słaba czy silna?
- Jestem silna i energetyczna.

9

- Jak opisaliby cię inni ludzie?
- Mój mąż mówi, że jestem piękna.

10

- Twój przyjaciel Jan jest wysoki
czy niski?
- Jest wysoki.

11

- Jaki ma typ figury?
- Jest umięśniony.

12

- Ma długie czy krótkie włosy?
- Ma krótkie, falujące włosy.

13

- Jakiego kształtu jest jego twarz?
- Ma typową europejską twarz.

14

- Twój przyjaciel ma prosty czy
zakrzywiony nos?
- Ma prosty nos.

15

- Jest przyjacielski czy
nietowarzyski?
- Jest przyjacielski i energetyczny.



- Wie bist du? Beschreibe dich.
- Ich habe eine gerade Nase und
kleine Ohren. Ich habe einen langen
Hals und eine schmale Taille.

8

- Bist du schwach oder stark?
- Ich bin stark und tatkräftig.

9

- Wie würden dich die Leute
beschreiben?
- Mein Ehemann sagt, ich bin hübsch.

10

- Ist dein Freund Jan groß oder klein?
- Er ist groß.

11

- Wie ist seine Figur?
- Er ist muskulös.

12

- Hat er lange oder kurze Haare?
- Er hat kurze, wellige Haare.

13

- Welche Form hat sein Gesicht?
- Er hat ein typisch europäisches
Gesicht.

14

- Hat dein Freund eine gerade oder
eine krumme Nase?
- Er hat eine gerade Nase.

15

- Ist er freundlich oder ungesellig?
- Er ist freundlich und tatkräftig.

Geniusz to wynik 1 procenta natchnienia i 99 procent wypocenia.

Genie ist 1% Inspiration und 99% Transpiration.

Burza w szklance wody.

Ein Sturm im Wasserglas.

## Przełam lody
## Brich das Eis

Mama idzie do sklepu z wózkiem wraz ze swoim najstarszym synem Dennisem, który ma siedem lat. Dennis z ciekawością zagląda do wózka. Jego młodszy brat ma tylko jeden rok.

„Dennis, wejdę na chwilę do sklepu. Porozmawiaj z bratem", mówi mama i wchodzi do sklepu.

„Transformery mogą żyć w kosmosie", mówi Dennis po czym patrzy na swojego młodszego brata. Młodszy brat odwraca głowę, aby spojrzeć na Dennisa.

Eine Mutter mit einem Kinderwagen geht in ein Geschäft mit ihrem ältesten Sohn Dennis, der sieben Jahre alt ist. Sein jüngerer Bruder ist erst ein Jahr alt.

„Dennis, ich werde für eine Minute in das Geschäft gehen. Rede mit deinem Bruder", sagt die Mutter und geht in das Geschäft.

„Transformer können im Weltraum leben", sagt Dennis, dann schaut er seinen jüngeren Bruder an. Der jüngere Bruder dreht seinen Kopf, um Dennis anzuschauen.

„Optimus jest dobry, ale Megatron jest zły", kontynuuje bardziej pewny siebie Dennis. Pokazuje młodszemu bratu zabawkowe figurki transformerów i opowiada mu o nich więcej.

"Optimus ist gut, aber Megatron ist böse", fährt Dennis selbstbewusster fort. Er zeigt seinem jüngeren Bruder Spielfiguren von Transformers und erzählt ihm mehr über sie.

## Rodzina

Familie

**A**

Jestem mężatką już od ośmiu (8) lat. Moja rodzina składa się z czterech (4) osób. Jestem ja, mój mąż i dwoje (2) dzieci. Mój mąż nazywa się Robert. Ma trzydzieści dwa (32) lata. Pracuje jako lekarz.

Ich bin schon seit acht Jahren verheiratet. Wir sind zu viert in unserer Familie. Ich, mein Ehemann und zwei Kinder. Mein Ehemann heißt Robert. Er ist zweiunddreißig Jahre alt. Er arbeitet als Arzt. Unser

Nasz syn nazywa się Szymon. Ma trzy (3) lata. Nasza córka ma na imię Natalia i ma siedem (7) lat. Jest uczennicą. Mieszkamy w mieszkaniu, osobno od naszych rodziców. Mój ojciec nazywa się Aleksander. Ma pięćdziesiąt (50) lat. Moja mama ma na imię Tatiana i ma czterdzieści pięć (45) lat. Mam brata Michała. Jest dzudziestoletnim (20) studentem. Mam jedną (1) ciotkę i dwóch (2) wujków. Oni mieszkają na wsi. Moja babcia i mój dziadek również mieszkają na wsi. Mają oboje po siedemdziesiąt (70) lat. Są na emeryturze. Mam kuzynkę Olę. Ma siedemnaście (17) lat. Nie mam żadnego bratanka ani bratanicy.

Jan był dwukrotnie (2) żonaty. Ożenił się zaledwie dwa miesiące temu. Jego żona ma na imię Irena. Ma dzwadzieścia osiem (28) lat. Jest artystką. Nie mają jeszcze dzieci. Jan ma syna z pierwszego małżeństwa. Nazywa się Stanisław. Ma pięć (5) lat. Jan ma siostrę Alinę. Ma dwadzieścia dwa (22) lata. Alina jest na ostatnim

Sohn heißt Szymon. Er ist drei Jahre alt. Unsere Tochter heißt Natalia und sie ist sieben Jahre alt. Sie ist Schülerin. Wir wohnen getrennt von unseren Eltern in einer Wohnung. Mein Vater heißt Aleksander. Er ist fünfzig Jahre alt. Meine Mutter heißt Tatiana und sie ist fünfundvierzig Jahre alt. Ich habe einen Bruder Michal. Er ist zwanzig Jahre alt und Student. Ich habe eine Tante und zwei Onkel. Sie wohnen auf dem Land. Meine Großmutter und mein Großvater wohnen auch auf dem Land. Sie sind beide siebzig Jahre alt. Sie sind Rentner. Ich habe eine Cousine Ola. Sie ist siebzehn Jahre alt. Ich habe keine Neffen oder Nichten.

Jan war zweimal verheiratet. Er war nur zwei Monate verheiratet. Seine Frau heißt Irena. Sie ist achtundzwanzig Jahre alt. Sie ist Künstlerin. Sie haben noch keine Kinder. Jan hat einen Sohn aus seiner ersten Ehe. Sein Name ist Stanisław. Er ist fünf Jahre alt. Jan hat eine Schwester Alina. Sie ist zweiundzwanzig Jahre alt. Alina ist in ihrem letzten Schuljahr. Jans Eltern

roku studiów. Rodzice Jana są już na emeryturze. Mieszkają blisko Jana, na sąsiedniej ulicy. Jan ma wujka. Ma na imię Maciej. Mieszka w Rosji. Jego babcia i dziadek mieszkają z jego rodzicami. Jan nie ma jeszcze żadnego siostrzeńca ani siostrzenicy.

sind schon Rentner. Sie wohnen in Jans Nähe, in der Nebenstraße. Jan hat einen Onkel. Sein Name ist Maciej. Er wohnt in Russland. Seine Großmutter und sein Großvater wohnen bei seinen Eltern. Jan hat noch keine Neffen oder Nichten.

# B

## Pytania i odpowiedzi

### 1

- Jesteś panną czy mężatką?
- Jestem mężatką.
- Od jak dawna jesteś mężatką?
- Już od ośmiu (8) lat.

### 2

- Mieszkacie z waszymi rodzicami?
- Nie, mieszkamy osobno.

### 3

- Ile osób jest w twojej rodzinie?
- Cztery (4): ja, mój mąż i dwoje (2) dzieci.

### 4

- Jak ma na imię twój mąż?
- Ma na imię Robert.
- Gdzie pracuje?
- Jest lekarzem.

### 5

- Jak mają na imię wasze dzieci?
- Nasz syn ma na imię Szymon, a

## Fragen und Antworten

### 1

- Bist du verheiratet oder ledig?
- Ich bin verheiratet.
- Wie lange bist du verheiratet?
- Schon acht Jahre.

### 2

- Wohnst du bei deinen Eltern?
- Nein, wir wohnen getrennt.

### 3

- Wie viele Personen sind in deiner Familie?
- Vier: ich, mein Ehemann und zwei Kinder.

### 4

- Wie heißt dein Ehemann?
- Er heißt Robert.
- Was macht er?
- Er ist Doktor.

### 5

- Wie heißen deine Kinder?
- Unser Sohn heißt Szymon, unsere

córka Natalia.

- Ile mają lat?

- Szymon ma trzy (3) lata, a Natalia siedem (7).

6

- Jak ma na imię twój ojciec? Ile ma lat?

- Ma na imię Aleksander, ma pięćdziesiąt (50) lat.

7

- Jak ma na imię twoja mama? Ile ma lat?

- Moja mama ma na imię Tatiana, ma czterdzieści pięć (45) lat.

8

- Masz braci albo siostry?

- Mam jednego brata, Michała.

- Ile ma lat?

- Ma dwadzieścia (20) lat.

- Twój brat studiuje czy pracuje?

- Jeszcze się uczy, jest studentem.

9

- Masz ciotki albo wujków?

- Mam jedną (1) ciotkę i dwóch (2) wujków.

- Gdzie mieszkają?

- Mieszkają na wsi.

10

- Gdzie mieszkają twoja babcia i twój dziadek?

- Oni również mieszkają na wsi.

- Ile mają lat?

- Mają oboje po siedemdziesiąt (70)

Tochter heißt Natalia.

- Wie alt sind sie?

- Szymon ist drei Jahre alt, Natalia ist sieben Jahre alt.

6

- Wie heißt dein Vater? Und wie alt ist er?

- Er heißt Aleksander und er ist fünfzig Jahre alt.

7

- Wie heißt deine Mutter? Und wie alt ist sie?

- Meine Mutter heißt Tatiana und sie ist fünfundvierzig Jahre alt.

8

- Hast du Geschwister?

- Ich habe einen Bruder Michal.

- Wie alt ist er?

- Er ist zwanzig Jahre alt.

- Studiert oder arbeitet dein Bruder?

- Er studiert noch. Er ist Student.

9

- Hast du Tanten oder Onkel?

- Ich habe eine Tante und zwei Onkel.

- Wo wohnen sie?

- Sie wohnen auf dem Land.

10

- Wo wohnen deine Großmutter und dein Großvater?

- Sie wohnen auch auf dem Land.

- Wie alt sind sie?

lat.

### 11

- Masz kuzynów?
- Mam jedną (1) kuzynkę, Olę.
- Ile ma lat?
- Ma siedemnaście lat.

### 12

- Masz bratanków albo bratanice?
- Nie mam ani bratanków ani
bratanic.

### 13

- Twój przyjaciel Jan jest żonaty czy
jest kawalerem?
- Był dwukrotnie żonaty.
- Od dawna jest żonaty?
- Jest żonaty od dwóch miesięcy.

### 14

- Jak ma na imię jego żona?
- Jego żona ma na imię Irena.
- Ile ma lat?
- Irena ma dwadzieścia osiem (28)
lat.
- Gdzie pracuje?
- Jest artystką.

### 15

- Mają już dzieci?
- Jeszcze nie. Ale on ma syna z
pierwszego małżeństwa.
- Jak ma na imię i ile ma lat?
- Ma na imię Stanisław. Ma pięć (5)
lat.

### 16

- Czy Jan ma braci albo siostry?

- Sie sind beide siebzig Jahre alt.

### 11

- Hast du Cousins?
- Ich habe eine Cousine Ola.
- Wie alt ist sie?
- Sie ist siebzehn.

### 12

- Hast du Neffen oder Nichten?
- Ich habe keine Neffen oder
Nichten.

### 13

- Ist dein Freund Jan verheiratet
oder Single?
- Er war zweimal verheiratet.
- War er lange verheiratet?
- Er war zwei Monate verheiratet.

### 14

- Wie heißt seine Ehefrau?
- Seine Ehefrau heißt Irena.
- Wie alt ist sie?
- Irena ist achtundzwanzig Jahre
alt.
- Was macht sie?
- Sie ist Künstlerin.

### 15

- Haben sie schon Kinder?
- Noch nicht. Aber er hat einen
Sohn aus seiner ersten Ehe.
- Wie heißt er und wie alt ist er?
- Er heißt Stanisław. Er ist fünf
Jahre alt.

### 16

- Hat Jan Geschwister?

- Ma siostrę Alinę.

- Ile ma lat?

- Ma dwadzieścia dwa (22) lata .

- Pracuje czy się uczy?

- Jest na ostatnim roku studiów.

17

- Gdzie mieszkają rodzice Jana?

- Mieszkają blisko niego, na sąsiedniej ulicy.

18

- Ma ciotki albo wujków?

- Ma wujka Macieja.

- Gdzie mieszka?

- Mieszka w Rosji.

19

- Czy dziadek i babcia Jana mieszkają od niego osobno?

- Tak, mieszkają z jego rodzicami.

20

- Ma siostrzeńców albo siostrzenice?

- Nie, nie ma ani siostrzeńców, ani siostrzenic.

- Er hat eine Schwester Alina.

- Wie alt ist sie?

- Sie ist zweiundzwanzig Jahre alt.

- Arbeitet oder studiert sie?

- Sie ist in ihrem letzten Schuljahr.

17

- Wo wohnen Jans Eltern?

- Sie wohnen in seiner Nähe, in der Nachbarstraße.

18

- Hat er Onkel oder Tanten?

- Er hat einen Onkel Maciej.

- Wo wohnt er?

- Er wohnt in Russland.

19

- Wohnen Jans Großvater und Großmutter getrennt von ihm?

- Ja, sie wohnen bei seinen Eltern.

20

- Hat er Neffen oder Nichten?

- Nein, er hat weder Neffen noch Nichten.

# C

Wszystko dobre co, się dobrze kończy.

**Dowcip**

Syn: Nie mogę iść dzisiaj do szkoły.

Ojciec: Dlaczego nie?

Syn: Źle się czuję.

Ende gut, alles gut.

**Ein Witz**

Sohn: Ich kann heute nicht in die Schule gehen.

Vater: Warum nicht?

Sohn: Ich fühle mich schlecht.

Ojciec: Gdzie?

Syn: W szkole!

Vater: Wo?

Sohn: In der Schule!

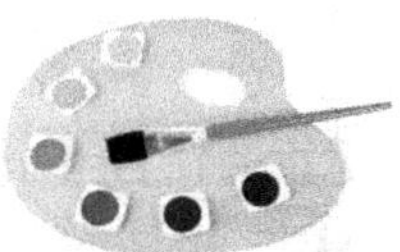

## Przełam lody
### Brich das Eis

Dwaj mali chłopcy rozmawiają.

„Jak nazwałeś swojego młodszego brata?" pyta jeden drugiego.

„Chciałem go nazwać Batman", odpowiada chłopiec i wzdycha głęboko, „ale moi rodzice nazwali go Tom".

Zwei kleine Jungen reden.

„Wie hast du deinen jüngeren Bruder genannt?", fragt einer von ihnen den anderen.

„Ich wollte ihn Batman nennen", antwortet der Junge und seufzt tief, „aber meine Eltern nannten ihn Tom."

## **Mój dom**
Mein Haus

**A**

Żyję w jednym z mieszkań w kilkupiętrowym domu. W tym budynku jest dziewięć pięter. Na parterze znajduje się kilka sklepów. Moje mieszkanie jest na drugim piętrze. W domu znajduje się winda. Mogę jechać windą albo iść po schodach. W moim mieszkaniu znajdują się dwa pokoje – sypialnia i salon. Mam też dużą łazienkę, toaletę i kuchnię, w której znajduje się wszystko to, co najpotrzebniejsze. Łazienka i toaleta

Ich wohne in einer Wohnung in einem mehrstöckigen Gebäude. Das Gebäude hat neun Stockwerke. Meine Wohnung ist im zweiten Stock. Das Gebäude hat einen Aufzug. Ich nehme entweder den Aufzug oder die Treppe. Meine Wohnung hat zwei Zimmer - ein Schlafzimmer, eine Toilette und eine Küche, wo sich alles notwendige befindet. Das Badezimmer und die Toilette sind getrennt. Ich habe zwei Balkone,

są oddzielnie. Mam dwa balkony, jeden w kuchni, a drugi w salonie. Korytarz jest szeroki i długi. Płacę sześćset złotych za czynsz.

Jan mieszka w swoim własnym domu. Jego dom jest dwupiętrowy. Na parterze znajduje się kuchnia, łazienka, toaleta, salon i dwie sypialnie. W domu znajduje się również pokój dziecinny, biuro, siłownia i pokój bilardowy. Kuchnia w domu Jana połączona jest z salonem, dlatego to pomieszczenie jest tak duże.W siłowni znajduje się wiele przyrządów i wszystko to, co niezbędne do ćwiczeń. Dom Jana został zbudowany według jego własnego projektu.

einen in der Küche und einen im Wohnzimmer. Der Flur ist breit und lang. Ich zahle sechshundert zloty Miete.

Jan wohnt in seinem eigenen Haus. Sein Haus hat zwei Stockwerke. Es gibt eine Küche, ein Badezimmer, eine Toilette, ein Wohnzimmer und zwei Schlafzimmer im Erdgeschoss. Es gibt ein Kinderzimmer, ein Büro, einen Fitnessraum und ein Billardzimmer. Die Küche in Jans Haus ist mit dem Esszimmer kombiniert. Deshalb ist der Raum so groß. Im Fitnessraum befinden sich viele Geräte und alles Notwendige um zu trainieren. Jans Haus ist nach seinem eigenen Design gebaut.

# B

### Pytania i odpowiedzi

1

- Mieszkasz w domu czy w mieszkaniu?
- Mieszkam w mieszkaniu.
- Ile pięter jest w tym budynku?
- W tym budynku jest dziewięć pięter.

### Fragen und Antworten

1

- Hast du ein Haus oder eine Wohnung?
- Ich habe eine Wohnung
- Wie viele Stockwerke hat das Gebäude?
- Das Haus hat neun Stockwerke.

- Ile pokoi znajduje się w twoim mieszkaniu?
- W moim mieszkaniu znajdują się dwa pokoje.
- Na którym piętrze znajduje się twoje mieszkanie?
- Moje mieszkanie znajduje się na drugim piętrze, a na parterze są sklepy.

2

- Twoja łazienka i toaleta są razem czy oddzielnie?
- Łazienka jest razem z toaletą.

3

- Czy w twoim mieszkaniu znajduje się balkon?
- Tak, mam dwa balkony. Jeden jest w kuchni, a drugi w salonie.

4

- Czy w twoim domu znajduje się winda?
- Tak.

5

- Jaki masz korytarz?
- Mój korytarz jest szeroki i długi.

6

- Czy w twoim domu znajduje się pokój dziecinny?
- Nie, ale będzie za niedługo.

7

- Twoja kuchnia jest duża czy mała?
- Moja kuchnia jest duża.

- Wie viele Zimmer hat die Wohnung?
- Die Wohnung hat zwei Zimmer.
- In welchem Stock ist deine Wohnung?
- Meine Wohnung ist im zweiten Stock. Im Erdgeschoss gibt es Geschäfte.

2

- Sind deine Toilette und dein Badezimmer zusammen oder getrennt?
- Toilette und Badezimmer sind zusammen.

3

- Hat dein Haus einen Balkon?
- Ja, ich habe zwei Balkone. Einer ist in der Küche und der andere im Wohnzimmer.

4

- Hat dein Haus einen Aufzug?
- Ja, es gibt einen.

5

- Wie ist der Flur?
- Mein Flur ist breit und lang.

6

- Gibt es ein Kinderzimmer in deinem Haus?
- Nein, aber bald wird es eines geben.

7

- Ist deine Küche groß oder klein?
- Meine Küche ist groß.

## 8

- Ile płacisz miesięcznie za czynsz?
- Płacę około sześciuset złotych za czynsz.

## 9

- Jan mieszka w mieszkaniu czy w swoim własnym domu?
- Jan mieszka w swoim własnym domu.
- Ile pięter ma ten dom?
- Jego dom jest dwupiętrowy.
- Co znajduje się na parterze?
- Na parterze znajduje się kuchnia, łazienka, toaleta, salon i dwie sypialnie.
- Co znajduje się na piętrze?
- Znajduje się tam pokój dziecinny, biuro, siłownia i pokój bilardowy.

## 8

- Wie viel Miete zahlst du monatlich?
- Ich zahle etwa sechshundert zloty Miete.

## 9

- Wohnt Jan in einer Wohnung oder seinem eigenen Haus?
- Jan wohnt in seinem eigenen Haus.
- Wie viele Stockwerke hat das Haus?
- Das Haus hat zwei Stockwerke.
- Was ist im Erdgeschoss?
- Im Erdgeschoss befinden sich eine Küche, ein Badezimmer, eine Toilette, ein Wohnzimmer, und zwei Schlafzimmer.
- Was ist im zweiten Stock?
- Dort ist ein Kinderzimmer, ein Büro, ein Fitnessraum und ein Billardzimmer.

# C

### Dowcip

Nauczyciel: Herman, nazwij dwa zaimki.

Uczeń: Kto, ja?

Nauczyciel: Poprawnie!

### Ein Witz

Lehrer: Herman, zähle zwei Pronomen auf.

Schüler: Wer, ich?

Lehrer: Richtig!

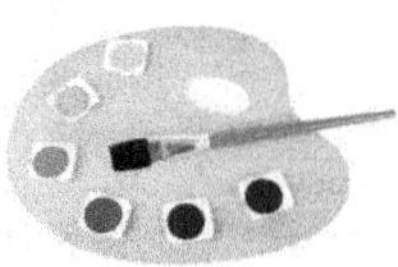

## Przełam lody
### Brich das Eis

Mały chłopiec i jego mama stoją na przystanku autobusowym.

„Czy to nasz autobus?" mały chłopiec pyta mamę, gdy nadjeżdża autobus.

„Nie, kochanie", ona odpowiada.

„Ten autobus jest duży i dobry. Dlaczego ci się nie podoba?"

„Potrzebujemy autobusu numer pięć. To jest autobus numer

Ein kleiner Junge und seine Mutter stehen an der Bushaltestelle.

„Ist es unser Bus?", fragt der kleine Junge seine Mutter, als ein Bus kommt.

„Nein, Schatz", antwortet sie.

„Dieser Bus ist groß und gut. Warum magst du ihn nicht?"

„Wir brauchen Bus Nummer Fünf. Dieser Bus ist Nummer Zwei", erklärt die Mutter und zeigt mit

dwa", wyjaśnia mama i wskazuje palcem na numer na autobusie.

ihrem Finger auf die Nummer auf dem Bus.

## Codzienna rutyna

Alltag

 **A**

Zazwyczaj wstaję o szóstej rano (6:00). Idę do łazienki, szczotkuję zęby, myję się i czeszę włosy. Później jem śniadanie. Moje śniadanie zazwyczaj trwa dwadzieścia minut (20). Pracuję od ósmej rano (8:00) aż do piątej po południu (5:00). Dlatego też pędzę do pracy zaraz po śniadaniu. Wychodzę z domu o siódmej dwadzieścia (7:20). Dojeżdżam do pracy o siódmej

Normalerweise stehe ich um 6 Uhr morgens auf. Ich gehe ins Badezimmer, putze meine Zähne, wasche und kämme meine Haare. Dann mache ich Frühstück. Mein Frühstück dauert normalerweise zwanzig Minuten. Ich arbeite von 8 Uhr bis 16 Uhr. Deshalb eile ich direkt nach dem Frühstück in die Arbeit. Ich verlasse mein Zuhause um 7:20 Uhr. Um 7:45 Uhr bin ich in der Arbeit. Meine Mittagspause

czterdzieści pięć (7:45). Moja przerwa obiadowa trwa od pierwszej po południu (1:00) aż do pierwszej czterdzieści pięć (1:45). Wracam do domu o szóstej wieczorem (6:00). Po pracy idę na zakupy. Wieczorem, około siódmej (7:00) jem kolację z moją rodziną. Zazwyczaj jemy w domu, ale czasem wychodzimy do restauracji. Nasza kolacja trwa około pół godziny. Po kolacji uwielbiam oglądać telewizję. Potem idę do łazienki umyć zęby. Do łóżka kładę się o jedenastej w nocy (11:00).

Jan wstaje o siódmej trzydzieści rano (7:30). Ćwiczy każdego ranka. Trwa to około pół godziny. Potem idzie do łazienki. Szczotkuje zęby, myje się i goli. Zazwyczaj nie je śniadania, pije tylko kawę. Jan pracuje od dziesiątej rano (10:00) aż do szóstej wieczorem (6:00). Wychodzi do pracy około dziewiątej trzydzieści (9:30). Idzie do pracy dziesięć-piętnaście (10-15) minut. Jego obiad zaczyna się o drugiej po południu (2:00) a kończy się o drugiej czterdzieści pięć (2:45). Jan wraca do domu około siódmej

dauert von 13 Uhr bis 13:45 Uhr. Nach der Arbeit komme ich um 18 Uhr nach hause. Nach der Arbeit gehe ich einkaufen und kaufe Lebensmittel. Am Abend etwa um 19 Uhr esse ich mit meiner Familie zu Abend. Normalerweise essen wir zu Hause aber manchmal essen wir in einem Restaurant. Unser Abendessen dauert etwa eine halbe Stunde. Nach dem Essen schaue ich gerne Fernsehen. Dann gehe ich ins Badezimmer und putze meine Zähne. Um 23 Uhr gehe ich ins Bett.

Jan steht um 7:30 Uhr auf. Er macht jeden Morgen Sport. Das dauert etwa eine halbe Stunde. Dann geht er ins Badezimmer. Er putzt seine Zähne, wäscht sich und rasiert sich. Normalerweise macht er kein Frühstück, sondern trinkt nur Kaffee. Jan arbeitet von 10 Uhr bis 18 Uhr. Etwa um 9:30 Uhr bricht er zur Arbeit auf. Er läuft zehn - fünfzehn Minuten zur Arbeit. Seine Mittagspause beginnt um 14 Uhr und endet um 14:45 Uhr. Jan kommt etwa um 19 Uhr nach Hause. Um 20 Uhr isst er mit

wieczorem (7:00). Je kolację ze swoją rodziną około ósmej (8:00). Zajmuje im to pół godziny. Potem Jan uwielbia grać w gry komputerowe. Idzie spać około północy (12:00).

seiner Familie zu Abend. Das dauert etwa eine halbe Stunde. Dann spielt Jan gerne Computerspiele. Etwa um Mitternacht geht er schlafen.

# B

**Pytania i odpowiedzi**

**1**

- O której godzinie wstajesz?
- Zazwyczaj o szóstej rano (6:00).
- I co potem robisz?
- Idę do łazienki. Tam się myję, szczotkuję zęby i czeszę się.

**2**

- Kiedy jesz śniadanie?
- Zaraz po umyciu się.
- Jak długo trwa twoje śniadanie?
- Moje śniadanie trwa około dwudziestu minut.

**3**

- Do której godziny pracujesz?
- Od ósmej rano (8:00) do piątej po południu (5:00).

**4**

- Wychodzisz do pracy zaraz po śniadaniu, czy nie?
- Tak, pędzę do pracy zaraz po śniadaniu.

**5**

- O której wychodzisz do pracy?

**Fragen und Antworten**

**1**

- Wann stehst du auf?
- Normalerweise um 6 Uhr.
- Was machst du dann?
- Ich gehe ins Badezimmer. Dort wasche ich mich, putze meine Zähne und kämme meine Haare.

**2**

- Wann frühstückst du?
- Gleich nach dem Waschen.
- Wie lange dauert dein Frühstück?
- Mein Frühstück dauert etwa zwanzig Minuten.

**3**

- Was ist deine Arbeitszeit?
- Von 8 Uhr bis 16 Uhr.

**4**

- Gehst du nach dem Frühstück gleich zur Arbeit oder nicht?
- Ja, ich gehe gleich nach dem Frühstück zur Arbeit.

**5**

- Wann gehst du zur Arbeit?

- Wychodzę z domu o siódmej dwadzieścia (7:20).

6

- O której dojeżdżasz do pracy?
- Do pracy dojeżdżam o siódmej czterdzieści pięć (7:45).

7

- O której masz przerwę obiadową?
- Moja przerwa obiadowa zaczyna się o pierwszej po południu (1:00) i kończy się o pierwszej czterdzieści pięć (1:45).

8

- O której wracasz do domu po pracy?
- Do domu wracam o szóstej wieczorem (6:00)

9

- Co robisz po pracy?
- Idę na zakupy, a potem natychmiast do domu.

10

- O której jesz kolację?
- Około siódmej wieczorem (7:00).
- Gdzie zazwyczaj jesz kolację?
- W domu, ale czasem wychodzimy do restauracji.
- Jak długo trwa wasza kolacja?
- Około pół godziny.

11

- Co robisz po kolacji?
- Uwielbiam oglądać telewizję.

- Ich breche um 7:20 Uhr auf.

6

- Wann bist du in der Arbeit?
- Um 7:45 Uhr bin ich in der Arbeit.

7

- Wann machst du Mittagspause?
- Meine Mittagspause beginnt um 13 Uhr und endet um 13:45 Uhr.

8

- Wann kommst du von der Arbeit nach Hause?
- Ich komme um 18 Uhr nach Hause.

9

- Was machst du nach der Arbeit?
- Ich kaufe Lebensmittel ein und dann gehe ich direkt nach Hause.

10

- Wann isst du zu Abend?
- Etwa um 19 Uhr.
- Wo isst du normalerweise zu Abend?
- Zu Hause, aber manchmal essen wir im Restaurant.
- Wie lange dauert dein Abendessen?
- Etwa eine halbe Stunde.

11

- Was machst du nach dem Abendessen?
- Ich schaue gerne Fernsehen.

12

- Czy myjesz zęby wieczorem?
- Zawsze.

13

- O której kładziesz się do łóżka?
- Zazwyczaj przed jedenastą w nocy (11:00) już śpię.

14

- O której godzinie wstaje Jan?
- Jan wstaje o siódmej trzydzieści rano (7:30).

15

- Czy Jan ćwiczy?
- Tak, ćwiczy każdego ranka.
- Jak długo ćwiczy?
- Około pół godziny.
- Co Jan robi po ćwiczeniach?
- Idzie do łazienki aby wyszczotkować zęby, umyć się i ogolić.

16

- Kiedy je śniadanie?
- Zazwyczaj nie je śniadania. Pije tylko kawę.

17

- O której godzinie wychodzi z pracy?
- Pracuje od dziesiątej rano (10:00) aż do szóstej wieczorem (6:00).

18

- O której godzinie Jan wychodzi z domu do pracy?
- Wychodzi do pracy około

12

- Putzt du dir am Abend die Zähne?
- Immer.

13

- Wann gehst du ins Bett?
- Normalerweise bin ich um 23 Uhr bereits im Bett.

14

- Wann wacht Jan morgens auf?
- Er steht um 7:30 Uhr auf.

15

- Macht er Sportübungen?
- Er macht jeden Morgen Sportübungen.
- Wie lange trainiert er?
- Etwa eine halbe Stunde.
- Was macht Jan nach dem Training?
- Er geht ins Badezimmer um Zähne zu putzen, sich zu waschen und rasieren.

16

- Wann frühstückt er?
- Er frühstückt normalerweise nicht. Er trinkt nur Kaffee.

17

- Wann arbeitet er?
- Er arbeitet von 10 Uhr bis 18 Uhr.

18

- Wann verlässt Jan das Haus um zur Arbeit zu gehen?
- Er verlässt sein Haus etwa um

dziewiątej trzydzieści (9:30).

9:30 Uhr.

**19**

- O której zaczyna się jego przerwa obiadowa?
- Jego przerwa obiadowa zaczyna się o drugiej po południu (2:00), a kończy się o drugiej czterdzieści pięć (2:45).

- Wann beginnt seine Mittagspause?
- Seine Mittagspause beginnt um 14 Uhr und endet um 12:45.

**20**

- O której Jan wraca do domu?
- Jan wraca do domu około siódmej wieczorem (7:00)

- Wann kommt Jan wieder nach Hause?
- Jan kommt etwa um 19 Uhr nach Hause.

**21**

- O której godzinie je kolację z rodziną?
- Około ósmej wieczorem (8:00).
- Jak długo trwa ich kolacja?
- Zajmuje im pół godziny.

- Wann isst er mit seiner Familie zu Abend?
- Etwa um 20 Uhr.
- Wie lange dauert das Abendessen?
- Es dauert eine halbe Stunde.

**22**

- Co Jan robi po kolacji?
- Po kolacji Jan lubi grać w gry komputerowe.

- Was macht Jan nach dem Abendessen?
- Nach dem Abendessen spielt Jan gerne Computerspiele.

**23**

- O której Jan kładzie się spać?
- Około północy (12:00).

- Wann geht Jan ins Bett?
- Etwa um Mitternacht.

# C

Czyny są głośniejsze od słów.

Taten sind lauter als Worte.

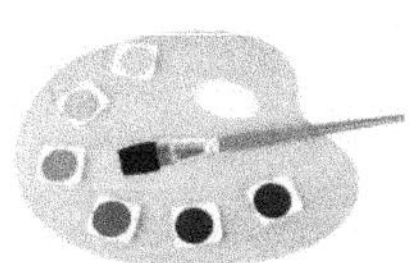

# Przełam lody
## Brich das Eis

Mama budzi małą Julię.

„Obudź się kochana. Czas iść do przedszkola", mówi mama.

„Gdzie się podziała zebra?" pyta Julia budząc się powoli.

„Jaka zebra?" pyta jej mama.

„Zebra z mojego snu", odpowiada dziewczynka.

„Nie wiem kochana",

Eine Mutter weckt die kleine Julia.

„Wach auf, Schatz. Es ist Zeit, in den Kindergarten zu gehen", sagt die Mutter.

„Wohin ist das Zebra gegangen?", fragt Julia langsam aufwachend.

„Welches Zebra?", fragt ihre Mutter.

„Das Zebra aus meinem Traum", antwortet das kleine Mädchen.

„Ich weiß es nicht, Schatz", sagt die

odpowiada mama.

„Ale jeździłaś na niej, mamo!”

Mutter.

„Aber du hast es geritten, Mama.“

**Geografia**
Geografie

 **A**

Mieszkam w mieście Warszawa. Warszawa znajduje się w Polsce. W Warszawie mieszka ponad milion ludzi. Warszawa położona jest w północno-wschodniej części Polski. Polska ma dostęp do Morza Bałtyckiego. Rzeka Wisła jest

Ich wohne in der Stadt Warschau. Warschau ist in Polen. Über eine Million Menschen wohnen in Warschau. Warschau befindet sich im nordöstlichen Teil von Polen. Polen grenzt an die Ostsee. Die Weichsel ist der

najdłuższą rzeką Polski. Góry Tatry i Beskidy leżą na południu Polski. Polska znajduje się w Europie Środkowej.

Poza Europą istnieją jeszcze inne kontynenty, takie jak Azja, Afryka, Północna i Południowa Ameryka, Australia, Antarktyda. Istnieją cztery oceany – Ocean Spokojny, Atlantycki, Indyjski i Arktyczny.

längste Fluss in Polen. Die Beskiden und Tatra sind im Süden von Polen. Polen liegt im zentralen Teil Europas.

Neben Europa gibt es weitere Kontinente wie Asien, Afrika, Nord- und Südamerika, Australien und die Antarktis. Es gibt vier Ozeane - der Pazifik, Atlantik, der indische Ozean und das Nordpolarmeer.

# B

### Pytania i odpowiedzi

**1**

- W jakim mieszkasz mieście?
- Mieszkam w mieście Warszawa.
- Ile ludzi mieszka w tym mieście?
- W Warszawie mieszka ponad milion ludzi.

**2**

- W jakim kraju znajduje się Warszawa?
- Warszawa znajduje się w Polsce.
- W której części Polski położona jest Warszawa?
- Warszawa położona jest w północno-wschodniej części Polski.

**3**

- Nad jakim morzem leży Polska?
- Polska leży nad Morzem

### Fragen und Antworten

**1**

- In welcher Stadt wohnst du?
- Ich wohne in Warschau.
- Wie viele Menschen wohnen in dieser Stadt?
- Über eine Million Menschen wohnen in Warschau.

**2**

- In welchem Land liegt Warschau?
- Warschau liegt in Polen.
- In welchem Teil von Polen liegt Warschau?
- Warschau liegt im nordöstlichen Teil von Polen.

**3**

- An welchem Meer liegt Polen?
- Polen liegt an der Ostsee.

Bałtyckim.

4

- Jaka jest najdłuższa rzeka Polski?
- Wisła jest najdłuższą rzeką Polski.

5

- Gdzie położone są Tatry?
- Tatry położone są na południu Polski.

6

- Jakie jeszcze góry znajdują się na południu Polski?
- Na południu Polski znajdują się również Beskidy.

7

- Na którym kontynencie znajduję się Polska?
- Polska znajduje się w Europie.
- W której części Europy położona jest Polska?
- Polska położona jest w Europie Środkowej.

8

- Jakie znasz kontynenty poza Europą?
- Poza Europą istnieją kontynenty takie jak Azja, Północna i Południowa Ameryka, Afryka, Australia i Antarktyda.

9

- Jakie są oceany na Ziemi?
- Istnieją cztery oceany – Ocean Spokojny, Atlantycki, Indyjski i Arktyczny.

4

- Welcher ist der längste Fluss in Polen?
- Die Weichsel ist der längste Fluss in Polen.

5

- Wo befinden sich die Tatra?
- Die Tatra befinden sich im Süden von Polen.

6

- Welche Berge liegen im Süden von Polen?
- Im Süden von Polen sind auch die Beskiden.

7

- In welchem Kontinent befindet sich Polen?
- Polen liegt in Europa.
- In welchem Teil von Europa liegt Polen?
- Polen liegt im zentralen Teil von Europa.

8

- Welche Kontinente außer Europa kennst du?
- Neben Europa gibt es Kontinente wie Asien, Nord- und Südamerika, Afrika, Australien und Antarktis.

9

- Welche Ozeane gibt es auf der Erde?
- Es gibt vier Ozeane - den Pazifik, Atlantik, den indischen Ozean und das Nordpolarmeer.

# C

| **Dowcip** | **Witze** |

Nauczyciel: Ile książek skończyłeś w ciągu lata?

Uczeń: Żadnej. Mój brat ukradł mój piórnik.

Lehrer: Wie viele Bücher hast du den Sommer über beendet?

Schüler: Keines. Mein Bruder hat meine Stiftebox gestohlen.

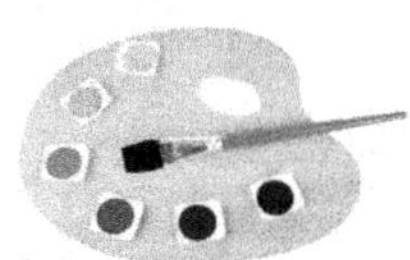

## Przełam lody
## Brich das Eis

Na przyjęciu urodzinowym jest dużo małych dzieci. Wszystkie siedzą przy stole. Na stole jest duży tort. Na torcie są czekoladowe zwierzątka.

Es sind viele kleine Kinder bei einer Geburtstagsparty. Sie alle sitzen am Tisch. Ein großer Kuchen ist auf dem Tisch. Auf dem Kuchen sind Schokoladentiere.

„Kto chce zebrę?" mama pyta dzieci.

„Wer will das Zebra?", fragt die Mutter die Kinder.

„Daj mi zebrę proszę", mówi dziewczynka.

„Gib mir bitte das Zebra", sagt ein Mädchen.

„Daj mi rybę proszę", mówi inna dziewczynka.

„Gib mir bitte den Fisch", sagt ein weiteres Mädchen.

„Daj mi żyrafę proszę", mówi chłopiec.

„Gib mir bitte die Giraffe", sagt ein Junge.

„Daj mi łyżkę proszę", mówi inny chłopiec.

„Gib mir bitte einen Löffel", sagt ein weiterer Junge.

## Kuchnia
Die Küche

 **A**

Moja kuchnia jest duża i wygodna. W mojej kuchni znajduje się dużo przydatnych rzeczy. Mam lodówkę. Znajduje się w rogu. Ma bardzo dobry zamrażalnik. Mam również mikser i blender. Trzymam je na półce. Toster znajduje się na stole. Często ich używam. Mam ekspres do kawy. On również znajduje się na stole. Bardzo lubię kawę.

Meine Küche ist groß und gemütlich. In meiner Küche gibt es viele nützliche Dinge. Ich habe einen Kühlschrank. Er steht in der Ecke. Sie enthält auch einen guten Gefrierschrank. Ich habe auch einen Mixer und ein Rührgerät. Sie stehen auf einem Regal. Der Toaster ist auf dem Tisch. Ich benutze sie oft. Ich habe eine Kaffeemaschine. Sie ist auch auf dem Tisch. Ich mag Kaffee sehr

Kolację odgrzewam w kuchence mikrofalowej. Mikrofalówka stoi obok tostera. Na środku kuchni znajduje się stół i kilka krzeseł. Telewizor wisi na ścianie. W mojej kuchni jest kuchenka na gaz. W kuchni mam ciepłą i zimną wodę.

gerne. Ich erwärme mein Abendessen in der Mikrowelle. Die Mikrowelle ist beim Toaster. In der Mitte der Küche steht ein Tisch und ein paar Stühle. Der Fernseher hängt an der Wand. Ich habe in meiner Küche einen Gasherd. Ich habe heißes und kaltes Wasser in meiner Küche.

# B

### Częste pytania i odpowiedzi

**1**

- Jaką masz kuchnię?
- Moja kuchnia jest duża i wygodna.

**2**

- Masz lodówkę? Jaką?
- Tak, mam. Jest w niej bardzo dobry zamrażalnik.
- Gdzie stoi twoja lodówka?
- Lodówka stoi w rogu.

**3**

- Masz toster albo blender?
- Mam toster, blender i mikser.
- Gdzie się znajdują?
- Blender i mikser stoją na lodówce. Toster znajduje się na stole

**4**

- Masz ekspres do kawy?
- Tak, mam ekspres do kawy.

### Fragen und Antworten

**1**

- Was für eine Küche hast du?
- Meine Küche ist groß und gemütlich.

**2**

- Hast du einen Kühlschrank? Welchen?
- Ja, hab ich. Er hat auch einen guten Gefrierschrank.
- Wo ist dein Gefrierschrank?
- Er ist in der Ecke.

**3**

- Hast du einen Toaster oder ein Rührgerät?
- Ich habe einen Toaster, ein Rührgerät und einen Mixer.
- Wo sind sie?
- Das Rührgerät und der Mixer stehen auf dem Gefrierschrank. Der Toaster ist auf dem Tisch.

**4**

- Hast du eine Kaffeemaschine?
- Ja, ich habe eine Kaffeemaschine. Ich

Bardzo lubię kawę.

- Gdzie się znajduje?

- Stoi na stole.

### 5

- Masz kuchenkę mikrofalową?

- Tak, mam. Zazwyczaj odgrzewam w niej kolację.

- Gdzie znajduje się twoja mikrofalówka?

- Znajduje się obok tostera.

### 6

- Masz meble w kuchni?

- Na środku kuchni znajduje się stół i kilka krzeseł.

### 7

- Masz urządzenia elektroniczne w kuchni?

- Na ścianie wisi telewizor.

### 8

- Masz kuchenkę elektryczną czy na gaz?

- Mam kuchenkę na gaz.

### 9

- Masz zimną i ciepłą wodę w kuchni?

- W mojej kuchni jest zimna i ciepła woda.

## C

Tylko głupcy mogą być tak pewni siebie; potrzeba mądrości, aby mieć wątpliwości.

---

mag Kaffee sehr gerne.

- Wo ist sie?

- Sie steht auf dem Tisch.

### 5

- Hast du eine Mikrowelle?

- Ja, habe ich. Ich wärme normalerweise mein Abendessen damit auf.

- Wo ist deine Mikrowelle?

- Sie ist beim Toaster.

### 6

- Hast du Möbel in der Küche?

- Es gibt einen Tisch und einige Stühle in der Mitte der Küche.

### 7

- Hast du Elektrogeräte in der Küche?

- Der Fernseher hängt an der Wand.

### 8

- Hast du einen Gas- oder Elektroherd?

- Ich habe einen Gasherd.

### 9

- Hast du kaltes und warmes Wasser in der Küche?

- Es gibt heißes und kaltes Wasser in meiner Küche.

Nur Verlierer können sich sicher sein; es braucht Weisheit, um verwirrt zu sein.

## Przełam lody
### Brich das Eis

Christian i Bruno bawią się w domu Bruna. Christian ma dwa lata. Christian jest również bratankiem ojca Bruno. Ojciec Bruno daje Christianowi jabłko, zanim go przytuli.

„Tatusiu", mówi Christian uśmiechając się.

„Nie jestem tatą", mówi ojciec Brunona.

„Nie?" Christian wydaje się zaskoczony, „Mamą?"

„Jestem twoim wujkiem", odpowiada ojciec Bruna. Bruno

Christian und Bruno spielen bei Bruno. Christian ist zwei Jahre alt. Christian ist auch der Neffe von Brunos Vater. Brunos Vater gibt Christian einen Apfel und umarmt ihn.

„Papa", sagt Christian lächelnd.

„Ich bin nicht Papa", sagt Brunos Vater.

„Nein?" Christian scheint überrascht zu sein: „Mama?"

„Ich bin dein Onkel", antwortet Brunos Vater. Bruno nimmt

bierze Christiana za rękę i biegną do ogrodu.

Christians Hand und sie rennen in den Garten.

## Higiena osobista
Persönliche Hygiene

 **A**

Uwielbiam się kąpać. Zazwyczaj biorę prysznic, ale czasem lubię poleżeć w wannie. Zawsze myję ręce, kiedy wracam z dworu. Myję się rano i wieczorem. Codziennie zmieniam skarpetki. Moje ubrania piorę raz na tydzień. Szczotkuję zęby dwa razy dziennie. Czyszczę moje buty każdego dnia

Ich bade sehr gerne. Normalerweise dusche ich, aber manchmal mag ich in der Badewanne liegen. Ich wasche mir immer die Hände wenn ich von draußen zurückkomme. Ich wasche mich am Morgen und am Abend. Ich wechsle die Socken jeden Tag. Ich wasche jede Woche meine Kleidung. Ich putze meine Zähne zweimal am Tag. Ich putze meine Schuhe jeden Tag.

Jeden z moich kolegów nie lubi się kąpać. Gdy jest ciepło, bardzo nieprzyjemnie pachnie. Nie myje rąk przed jedzeniem. Mówi, że to strata czasu. Zazwyczaj myje się raz na tydzień. Woli leżeć w wannie niż brać prysznic. Szczotkuje zęby tylko wtedy, gdy mu się przypomni. Pierze swoje ubrania tylko wtedy, kiedy nie ma już żadnych czystych ubrań. Może nie zmieniać skarpetek nawet przez cały tydzień. Mówiąc ogólnie, jest niechlujem.

Einer meiner Bekannten mag Baden nicht. Wenn es heiß ist, stinkt er furchtbar. Er wäscht sich die Hände vor dem Essen nicht. Er sagt, es sei Zeitverschwendung. Er wäscht sich normalerweise einmal die Woche. Er nimmt lieber ein Bad als zu duschen. Er putzt seine Zähne nur wenn er daran denkt. Er wäscht seine Kleidung nur wenn er keine saubere Kleidung mehr übrig hat. Er wechselt seine Socken eine ganze Woche nicht. Kurz gesagt, er ist ein Schlamper.

# B

### Pytania i odpowiedzi

**1**

- Lubisz się kąpać?
- Bardzo lubię się kąpać.

**2**

- Zazwyczaj bierzesz kąpiel czy prysznic?
- Zazwyczaj biorę prysznic, ale czasem lubię poleżeć w wannie.

**3**

- Czy myjesz ręce kiedy wracasz z dworu?
- Zawsze myję ręcę po powrocie z dworu.

### Fragen und Antworten

**1**

- Magst du baden?
- Ich bade sehr gerne.

**2**

- Nimmst du normalerweise ein Bad oder duscht du?
- Ich dusche normalerweise, aber manchmal liege ich gerne in der Badewanne.

**3**

- Wäschst du dir die Hände, wenn du von draußen zurückkommst?
- Ich wasche meine Hände immer, wenn ich draußen war.

4

- Myjesz się tylko rano, czy wieczorem również?
- Myję się i rano i wieczorem.

5

- Często zmieniasz skarpetki?
- Zmieniam skarpetki każdego dnia.

6

- Jak często pierzesz twoje ubrania?
- Moje ubrania piorę raz na tydzień.

7

- Jak często bierzesz kąpiel lub prysznic?
- Biorę kąpiel lub prysznic rano i wieczorem.

8

- Ile razy w ciągu dnia szczotkujesz twoje zęby?
- Szczotkuję moje zęby dwa razy dziennie.

9

- Często czyścisz twoje buty?
- Moje buty czyszczę każdego dnia.

10

- Twój znajomy lubi się kąpać?
- Mój znajomy nie lubi się kąpać.

11

- Czy on myje ręce przed jedzeniem?
- Nie, nie myje swoich rąk przed

4

- Wäschst du dich nur morgens oder auch am Abend?
- Ich wasche mich morgens und abends.

5

- Wechselst du oft deine Socken?
- Ich wechsle jeden Tag meine Socken.

6

- Wie oft wäschst du deine Kleidung?
- Ich wasche meine Kleidung jede Woche.

7

- Wie oft badest oder duscht du?
- Ich bade oder dusche am Morgen und am Abend.

8

- Wie oft am Tag putzt du deine Zähne?
- Ich putze meine Zähne zweimal am Tag.

9

- Putzt du oft deine Schuhe?
- Ich putze meine Schuhe jeden Tag.

10

- Badet deine Bekanntschaft gerne?
- Meine Bekanntschaft badet nicht gerne.

11

- Wäscht er seine Hände vor dem Essen?
- Nein, er wäscht seine Hände nicht

jedzeniem.

- Czemu tego nie robi?

- Mówi, że to strata czasu.

12

- Jak często się myje?

- Zazwyczaj myje się raz na kilka dni.

13

- Czy myje zęby dwa razy dziennie?

- Myje zęby tylko jak mu się przypomni.

14

- Twój kolega zmienia skarpetki każdego dnia?

- Może nie zmieniać swoich skarpetek nawet przez cały tydzień.

vor dem Essen.

- Warum macht er das nicht?

- Er sagt, es sei Zeitverschwendung.

12

- Wie oft wäscht er sich?

- Er wäscht sich normalerweise alle paar Tage einmal.

13

- Putzt er zweimal am Tag seine Zähne?

- Er putzt seine Zähne nur wenn er sich daran erinnert.

14

- Wechselt deine Bekanntschaft seine Socken jeden Tag?

- Er wechselt seine Socken die ganze Woche nicht.

# C

## Dowcip matematyczny

Nauczyciel: Ile jest dwa plus dwa?

Uczeń: Cztery.

Nauczyciel: Dobra odpowiedź.

Uczeń: Dobra? Idealna!

## Ein Mathe Witz

Lehrer: Was macht zwei plus zwei?

Schüler: Vier.

Lehrer: Das ist eine gute Antwort.

Schüler: Gut? Sie ist perfekt!

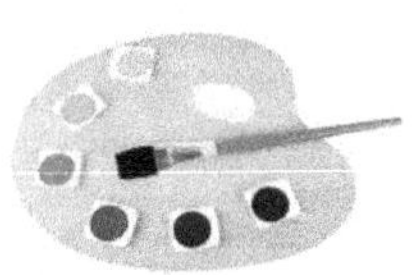

## Przełam lody
### Brich das Eis

Anna i jej mama jadą taksówką do szkoły muzycznej. Anna mówi do kierowcy.

„Skręci Pan w lewo ... zatrzyma się Pan na czerwonym świetle ... poczeka Pan, aż światło zmieni się na zielone ... Ruszy się i skręci Pan w prawo", mówi.

„Znam drogę do szkoły muzycznej", odpowiada kierowca.

„I tak będę mówiła. Lubię mówić", odpowiada Anna.

Anna und ihre Mutter nehmen ein Taxi zur Musikschule. Anna spricht mit dem Fahrer.

„Biegen Sie links ab ... halten Sie an der roten Ampel an ... warten Sie, bis die Ampel grün wird ... Fahren Sie jetzt und biegen Sie rechts ab", sagt sie.

„Ich kenne den Weg zur Musikschule", sagt der Fahrer.

„Ich werde trotzdem sprechen. Ich spreche gerne", antwortet Anna.

## Miasto

Stadt

 **A**

Mieszkam na szerokiej i długiej ulicy. Obok mojego domu znajduje się przedszkole. Na mojej ulicy jest szkoła. Mieści się za sklepem spożywczym. Między przedszkolem a sklepem obuwniczym znajduje się kawiarnia. Koło targu jest poczta. Obok mojego domu znajduje się przystanek. Zatrzymuje się tam trolejbus numer osiem i wiele autobusów. Na mojej ulicy mieszczą się dwa banki. Na skrzyżowaniu znajduje się

Ich wohne in einer breiten und langen Straße. Neben meinem Haus ist ein Kindergarten. In meiner Straße gibt es eine Schule. Sie befindet sich hinter dem Lebensmittelgeschäft. Es gibt ein Café zwischen dem Kindergarten und dem Schuhgeschäft. Es gibt eine Post in der Nähe des Marktplatzes. Bei meinem Haus ist eine Haltestelle. Der Obus Nummer acht und viele andere Busse halten hier. In meiner Straße gibt es zwei Banken. Auf der Kreuzung ist eine Ampel. Es gibt

sygnalizacja świetlna. W moim mieście nie ma rynku, ale jest targ główny. Naprzeciwko targu mieści się uniwersytet.

keinen Platz in meiner Straße aber einen zentralen Marktplatz. Vor dem Marktplatz befindet sich eine Universität.

# B

## Pytania i odpowiedzi

### 1

- Jaka jest ulica, przy której mieszka Anna?
- Jej ulica jest szeroka i długa.

### 2

- Co znajduje się obok jej domu?
- Obok jej domu znajduje się przedszkole.

### 3

- Czy na tej ulicy jest szkoła?
- Tak. Na tej ulicy jest szkoła. Mieści się za sklepem spożywczym.

### 4

- Co znajduje się pomiędzy sklepem obuwniczym a przedszkolem?
- Pomiędzy sklepem obuwniczym a przedszkolem znajduje się kawiarnia.

### 5

- Czy na ulicy Anny znajduje się poczta?
- Tak. Znajduje się koło targu.

### 6

- Czy na tej ulicy są jakieś

## Fragen und Antworten

### 1

- In was für einer Straße wohnt Anna?
- Ihre Straße ist breit und lang.

### 2

- Was ist neben dem Haus?
- Neben dem Haus ist ein Kindergarten.

### 3

- Gibt es in der Straße eine Schule?
- Ja, gibt es. In der Straße ist eine Schule. Sie befindet sich hinter dem Lebensmittelgeschäft.

### 4

- Was ist zwischen dem Schuhgeschäft und dem Kindergarten?
- Zwischen dem Schuhgeschäft und dem Kindergarten ist ein Café.

### 5

- Gibt es in Annas Straße eine Post?
- Ja, gibt es, sie befindet sich beim Marktplatz.

### 6

- Gibt es in der Straße Kreuzungen?

skrzyżowania?
- Tak. Jedno skrzyżowanie znajduje się obok domu Anny.
- Czy na tym skrzyżowaniu znajduje się sygnalizacja świetlna?
- Nie, na tym skrzyżowaniu nie ma sygnalizacji świetlnej.

7

- Ile jest banków na ulicy Anny?
- Na jej ulicy znajdują się dwa banki.

8

- Czy na jej ulicy znajduje się rynek?
- Nie, ale znajduje się tam główny targ.

9

- Jaki środek transportu zatrzymuje się koło jej domu?
- Obok jej domu zatrzymuje się trolejbus numer osiem i dużo innych autobusów.

10

- Co mieści się naprzeciwko targu?
- Naprzeciwko targu mieści się uniwersytet.

- Ja, gibt es. Eine Kreuzung ist neben Annas Haus.
- Gibt es auf dieser Kreuzung eine Ampel?
- Nein, es gibt auf dieser Kreuzung keine Ampel.

7

- Wie viele Banken gibt es in Annas Straße?
- In ihrer Straße gibt es zwei Banken.

8

- Gibt es einen Platz in ihrer Straße?
- Nein, gibt es nicht, aber es gibt einen zentralen Marktplatz.

9

- Welche Verkehrsmittel halten an ihrem Haus?
- Der Obus Nummer acht und viele andere Busse halten hier.

10

- Was befindet sich vor dem Marktplatz?
- Vor dem Marktplatz ist eine Universität.

# C

Potrzeba zarówno słońca jak i deszczu, aby powstała piękna tęcza.

Es braucht beides - die Sonne und den Regen - um einen schönen Regenbogen zu machen.

Opuszczanie lekcji jest jak karta kredytowa. Bawisz się teraz, płacisz później!

Unterricht überspringen ist wie mit Kreditkarte bezahlen. Jetzt Spaß, später bezahlen!

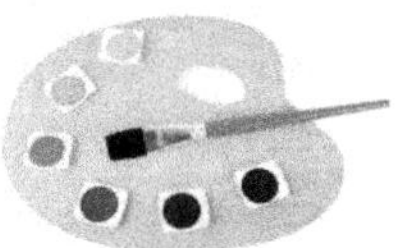

## Przełam lody
## Brich das Eis

Pewna rodzina ogląda telewizję. Mała Lea bawi się na podłodze swoimi zabawkami. W tym momencie dzwoni telefon. Lea wskakuje na nogi i biegnie do telefonu. Chce odebrać telefon zanim ktokolwiek inny to zrobi. Potyka się i upada, ale szybko wstaje i biegnie. Potyka się i znowu upada. Wstaje i biegnie, ale znowu upada i zaczyna czołgać się w kierunku telefonu. Szybko doczołguje się do telefonu i odbiera.

Eine Familie schaut Fernsehen. Die kleine Lea spielt auf dem Boden mit ihren Spielzeugen. In diesem Moment klingelt das Telefon. Lea springt auf und rennt zum Telefon. Sie möchte vor allen anderen ans Telefon gehen. Sie stolpert und fällt, steht aber schnell auf und rennt. Sie stolpert und fällt wieder. Sie steht auf und rennt, aber fällt wieder und beginnt, zum Telefon zu krabbeln. Sie krabbelt schnell zum Telefon und nimmt ab.

„Hast du über einen Sport für sie

„Czy myślałeś o jakimś sporcie dla niej?” pyta dziadek tatę.

„Jeszcze nie. Ale pewnie powinniśmy o tym pomyśleć”, odpowiada tata.

nachgedacht?”, fragt der Opa den Vater.

„Noch nicht. Aber wir sollten wahrscheinlich darüber nachdenken”, antwortet der Vater.

## Transport
Verkehr

 **A**

Jadąc do pracy muszę się przesiąść. Wsiadam do autobusu numer dwa (2). Mijam trzy (3) przystanki, a potem wysiadam na przystanku «Park». Tam przesiadam

Ich wechsle die Verkehrsmittel wenn ich zur Arbeit pendle. Ich nehme den Nummer zwei Bus. Nach drei Stationen steige ich an der Haltestelle 'Park' aus. Dort steige ich

się do trolejbusa numer pięć (5). Jadę trolejbusem około pięciu (5) minut. Cała trasa zajmuje mi około dwudziestu (20) minut. Istnieje jeszcze inna droga do mojej pracy. Można się tam dostać tramwajem numer trzy (3), a potem autobusem numer czterdzieści dwa (42). Ta trasa jest dłuższa. Zajmuje około czterdziestu (40) minut. Z przystanku do pracy idę około minuty.

Jan nie jeździ do pracy, idzie na piechotę. Jego praca znajduje się w odległości czterech (4) budynków od jego dom. Droga do pracy zajmuje Janowi około piętnastu (15) minut. Około pięciu (5) minut na piechotę od domu Jana znajduje się sklep. Każdego ranka, w drodze do pracy, zatrzymuje się w nim, aby kupić kawę i ciastko. Zajmuje mu to około trzech (3) minut. Przechodzi przez rynek. Zajmuje mu to cztery (4) minuty. Potrzebuje kolejnych kilku minut, aby przejść przez targ. Biuro firmy, w której pracuje Jan znajduje się zaraz obok targu.

in den Linienbus 5 um. Mit diesem Bus fahre ich etwa fünf Minuten. Die ganze Fahrt dauert etwa zwanzig Minuten. Es gibt noch einen anderen Weg in meine Arbeit. Ich kann mit der Straßenbahn Nummer drei und dann dem Bus Nummer zweiundvierzig dorthin kommen. Dieser Weg ist länger. Es dauert etwa vierzig Minuten. Von der Haltestelle laufe ich etwa eine Minute zur Arbeit.

Jan fährt nicht zur Arbeit, er läuft. Seine Arbeit ist vier Blöcke von seinem Haus entfernt. Der Weg zur Arbeit dauert etwa fünfzehn Minuten. Fünf Minuten von Jans Haus entfernt gibt es ein Geschäft. Jeden Morgen hält er auf dem Weg zur Arbeit am Geschäft, um sich einen Kaffee und ein Muffin zu kaufen. Das dauert etwa drei Minuten. Er geht durch einen Stadtplatz. Das dauert vier Minuten. Und es dauert einige weitere Minuten um den Markt zu überqueren. Gleich neben dem Marktplatz ist ein Büro von dem Unternehmen in dem Jan arbeitet.

# B

| Pytania i odpowiedzi | Fragen und Antworten |
|---|---|

**1**

- Czy w drodze do pracy musisz się przesiadać?
- W drodze do pracy muszę się przesiąść.

- Steigst du um, wenn du zur Arbeit pendelst oder nicht?
- Ich steige um, wenn ich zur Arbeit pendle.

**2**

- Jakimi środkami transportu dojeżdżasz do pracy?
- Wsiadam do autobusu numer dwa (2).

- Welche Transportmittel verwendest du, wenn du zur Arbeit pendelst?
- Ich nehme den Bus Nummer zwei.

**3**

- Ile mijasz przystanków?
- Mijam trzy (3) przystanki, a potem wysiadam.

- Wie viele Haltestellen fährst du?
- Ich fahre drei Haltestelle und steige dann aus.

**4**

- Na jakim przystanku wysiadasz?
- Wysiadam na przystanku «Park».

- An welcher Haltestelle steigst du aus?
- Ich steige an der Haltestelle 'Park' aus.

**5**

- Do czego się przesiadasz?
- Przesiadam się do trolejbusu numer pięć (5).

- Auf welche Verkehrsmittel wechselst du?
- Ich wechsle auf den Linienbus Nummer fünf.

**6**

- Jak długo jedziesz trolejbusem?
- Trolejbusem jadę około pięciu (5) minut.

- Wie lange fährst du mit dem Linienbus?
- Ich fahre etwa fünf Minuten mit dem Linienbus.

**7**

- Jak długo zajmuje ci dojazd do pracy?
- Około dwudziestu (20) minut.

- Wie lange dauert es bis du in der Arbeit bist?
- Etwa zwanzig Minuten.

## 8

- Istnieje inny sposób dotarcia do twojej pracy?

- Tak, istnieje. Możesz wsiąść do tramwaju numer jeden (1). Potem możesz wsiąść do autobusu numer czterdzieści dwa (42).

- Ile to zajmuje czasu?

- Ta trasa jest dłuższa. Zajmuje około czterdziestu (40) minut.

## 9

- Musisz iść długo z przystanku do pracy?

- Nie, idę około minuty.

## 10

- Jakich środków transportu używa Jan, aby dojechać do pracy?

- Jan nie jeździ do pracy. Idzie na piechotę.

- Jak długo zajmuje mu droga do pracy?

- Droga do pracy zajmuje mu około piętnastu (15) minut.

## 11

- Zatrzymuje się gdzieś po drodze do pracy?

- Każdego ranka zatrzymuje się w sklepie, aby kupić kawę i ciastko.

## 8

- Gibt es noch einen anderen Weg um in die Arbeit zu kommen?

- Ja gibt es. Man kann mit der Straßenbahn Nummer eins dorthin kommen. Und danach nimmt man den Bus Nummer zweiundvierzig.

- Wie lange dauert dieser Weg?

- Er ist länger. Etwa vierzig Minuten.

## 9

- Musst du von der Haltestelle zu deiner Arbeit weit laufen?

- Nein, es dauert nur eine Minute.

## 10

- Welche Verkehrsmittel benutzt Jan, um zur Arbeit zu pendeln?

- Jan pendelt nicht zur Arbeit. Er läuft.

- Wie lange dauert Jans Weg zur Arbeit?

- Jans Weg zur Arbeit dauert fünfzehn Minuten.

## 11

- Hält er irgendwo auf seinem Arbeitsweg an?

- Er hält an einem Geschäft, um einen Kaffee und ein Muffin am Morgen zu kaufen.

# C

### Dowcip

Nauczyciel: Daniel, podaj mi przykład podwójnego przeczenia.

Daniel: Nie znam żadnego.

Nauczyciel: Doskonale!

### Ein Witz

Lehrer: Danil, gib mir ein Beispiel für eine doppelte Verneinung.

Danil: Ich weiß keine nicht.

Lehrer: Exzellent!

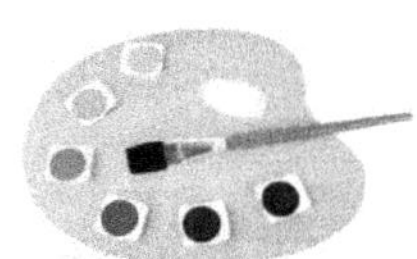

## Przełam lody
### Brich das Eis

Dwoje dzieci bawią się w lekarzy.

„Boli mnie brzuch", mówi mały Maks.

„Pomogę ci. Otwórz usta", mówi do niego mała Emma.

„Czy jesteś dobrym lekarzem?" pyta chłopiec.

„Oczywiście", odpowiada dziewczynka, „Maks, czy jesteś odważny?"

Zwei Kinder spielen Doktor.

„Ich habe Bauschmerzen", sagt der kleine Max.

„Ich werde dir helfen. Öffne deinen Mund", sagt ihm die kleine Emma.

„Bist du eine gute Doktorin?", fragt der Junge.

„Natürlich", antwortet das Mädchen, „Max, bist du mutig?"

„Tak, jestem".

„To otwórz buzię!"

„Nie! Mój brzuch już jest zdrowy".

„Ja, bin ich."

„Dann öffne deinen Mund!"

„Nein! Mein Bauch ist wieder gut."

## Co znajduje się w salonie?
Was befindet sich im Wohnzimmer?

**A**

Największym pomieszczeniem w moim mieszkaniu jest salon. W tym pokoju znajduje się dużo mebli. W prawym rogu stoi kanapa. Jest duża i wygodna. Telewizor wisi na ścianie naprzeciw kanapy. Na podłodze koło okna stoi dużo wazonów z kwiatami. Na ścianie w salonie

Das grüßte Zimmer in meiner Wohnung ist das Wohnzimmer. Dort gibt es viele Möbel. In der rechten Ecke steht ein Sofa. Es ist groß und bequem. An der Wand vor dem Sofa hängt ein Fernseher. Auf dem Boden neben dem Fenster stehen viele Vasen mit Blumen. An den Wänden in meinem Wohnzimmer hängen Bilder,

wiszą obrazy, które sama zrobiłam. W rogu stoi mały domek mojego kota. DVD mieści się w szafce pod telewizorem. Na podłodze leży dywan. Półka z książkami znajduje się na lewo od kanapy. Lubię czytać, dlatego na półkach znajduje się dużo książek. Naprzeciw kanapy stoi stolik, przy którym lubię się napić herbaty. W lewym rogu pokoju stoi duży, przytulny fotel. Wygodnie się na nim czyta książki, szczególnie wieczorem. Obok fotela stoi lampka.

die ich selbst gewebt habe. In der Ecke ist das Häuschen für die Katze. Ein DVD-Spieler befindet sich auf dem Schränkchen unter dem Fernseher. Auf dem Boden ist ein Teppich. Das Bücherregal steht links vom Sofa. Ich lese gerne, deshalb sind viele Bücher in dem Bücherregal. Gegenüber vom Sofa ist ein Tisch, an welchem ich gerne Tee trinke. In der linken Ecke des Raumes ist ein großer, gemütlicher Sessel. Es ist angenehm Bücher darin zu lesen, vor allem abends. Beim Sessel steht eine Tischlampe.

# B

### Pytania i odpowiedzi

#### 1

- Salon Anny jest duży czy mały?
- Jest duży.

#### 2

- Co się znajduję w tym pokoju?
- W tym pokoju znajduje się dużo mebli.

#### 3

- Co znajduje się w prawym rogu pokoju?
- W prawym rogu pokoju znajduje się kanapa. Jest duża i wygodna.

### Fragen und Antworten

#### 1

- Ist Anns Wohnzimmer groß oder klein?
- Es ist groß.

#### 2

- Was gibt es in dem Raum?
- In diesem Raum gibt es viele Möbel.

#### 3

- Was ist in der rechten Ecke des Raumes?
- In der rechten Ecke des Raumes ist ein Sofa. Es ist groß und bequem.

4

- Czy coś się znajduje na ścianie naprzeciw kanapy?
- Na ścianie naprzeciw kanapy wisi telewizor.

4

- Ist vor dem Sofa etwas an der Wand?
- An der Wand vor dem Sofa hängt ein Fernseher.

5

- Czy w pokoju Anny jest dużo kwiatów? Gdzie się znajdują?
- Na podłodze koło okna znajduje się dużo wazonów z kwiatami.

5

- Gibt es in Anns Raum viele Blumen? Wo sind sie?
- Auf dem Boden neben dem Fenster stehen viele Vasen mit Blumen.

6

- Co znajduje się na ścianach?
- Na ścianach wiszą obrazy, które Anna sama zrobiła.

6

- Was ist dort an den Wänden?
- An den Wänden hängen einige Bilder, die Anna selbst gewebt hat.

7

- Co mieści się w rogu pokoju?
- W rogu pokoju znajduje się mały domek kota Anny.

7

- Was befindet sich in der Raumecke?
- In der Ecke ist ein Häuschen für Anns Katze.

8

- Gdzie jest DVD?
- Stoi na szafce pod telewizorem.

8

- Wo ist der DVD-Spieler?
- Er steht auf dem Schränkchen unter dem Fernseher.

9

- Co znajduje się na lewo od kanapy?
- Na lewo od kanapy znajduje się półka z książkami. Stoi na niej dużo różnych książek.

9

- Was ist links vom Sofa?
- Links vom Sofa ist ein Bücherregal. Darin sind viele verschiedene Bücher.

10

- Czy w tym pokoju jest stół?
- Tak, jest. Stoi naprzeciw kanapy.

10

- Gibt es in dem Raum einen Tisch?
- Ja, gibt es. Er befindet sich gegenüber vom Sofa.

11

- Co znajduje się w lewym rogu pokoju?

11

- Was ist in der linken Ecke des Raums?

- W lewym rogu pokoju znajduje się duży fotel.

12

- Co znajduje się obok fotela?
- Obok fotela stoi lampa.

# C

## Dowcip

Nauczyciel: Twój wiersz jest najgorszym z całej klasy. Jest nie tylko niegramatyczny, ale jest również niegrzeczny i w złym guście. Będę musiała powiadomić o tym twojego ojca.

Uczeń: Pan profesor, to chyba nic nie da. To on go napisał.

- In der linken Ecke des Raums ist ein Sessel.

12

- Was ist beim Sessel?
- Beim Sessel ist eine Stehlampe.

## Witze

Lehrer: Dein Gedicht ist das schlechteste in der Klasse. Es ist nicht nur ungrammatikalisch, sondern auch grob und von schlechtem Geschmack. Ich werde deinem Vater eine Mitteilung darüber senden.

Schüler: Ich glaube nicht, dass das etwas bringt, Lehrer. Er hat es geschrieben.

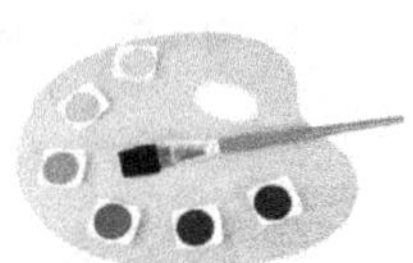

## 13

## Przełam lody
### Brich das Eis

Mała dziewczynka siedzi z zabawkowym termometrem w ręku.

„Co robisz?" pyta jej tata.

„Łowię ryby", odpowiada dziewczynka.

„Ale termometr jest dla lekarza", wyjaśnia tata.

„Dobrze, jestem lekarzem. Co ci dolega?" pyta.

Ein kleines Mädchen sitzt mit einem Spielzeugthermometer in der Hand.

„Was machst du gerade?" fragt ihr Vater.

„Ich fische", antwortet das Mädchen.

„Aber ein Thermometer ist für einen Arzt", erklärt der Papa.

„Okay, ich bin Arzt. Was stört

„Mam gorączkę. Czy możesz mi pomóc, proszę?" pyta ją tata.

„Przykro mi. Nie mogę ci pomóc", odpowiada dziewczynka.

„Ale dlaczego, kochanie?"

„Łowię ryby".

„ich habe Fieber. Kannst du mir dich?" fragt sie.

„Ich habe Fieber. Kannst du mir bitte helfen?" der Papa fragt sie.

„Es tut mir leid. Ich kann dir nicht helfen", antwortet das Mädchen.

„Aber warum, Liebling?"

„Ich fische."

**Zdrowie**
Gesundheit

 **A**

Najważniejszą sprawą dla mnie jest moje zdrowie. Zdrowie wpływa na mój nastrój, skuteczność w pracy i wygląd. Oto

Meine größte Sorge ist meine Gesundheit. Gesundheit ist meine Stimmung, Effizienz bei der Arbeit und Erscheinung. Ein gesunder

zdrowy styl życia – odpowiednia ilość snu, zdrowa dieta, umiarkowane spożycie alkoholu, uprawianie sportu itd. Szczególnie ważna jest dieta. Powinno się jeść przede wszystkim więcej owoców i warzyw. Jestem źle nastawiona do palenia, ale mój mąż i koledzy w pracy palą. Każdego ranka idę biegać. Trzy razy w tygodniu chodzę na basen i uczę się pływać. Wychodzienie na dwór jest bardzo korzystne. Z moją rodziną często robimy wycieczki przyrodnicze.

Lebensstil bedeutet: ausreichender Schlaf, gesunde Ernährung, gemäßigter Alkoholkonsum, Sport betreiben und so weiter. Ernährung ist besonders wichtig. In erster Linie sollte man mehr Obst und Gemüse essen. Ich habe eine negative Haltung gegenüber Rauchen aber mein Ehemann und Arbeitskollegen rauchen. Ich gehe jeden Morgen joggen. Drei mal die Woche gehe ich ins Schwimmbad und lerne schwimmen. Draußen zu sein ist heilsam. Ich mache oft mit meiner Familie Ausflüge in der Natur.

# B

### Pytania i odpowiedzi

1

- Co oznacza dla ciebie zdrowie?
- Zdrowie oznacza dla mnie mój nastrój, wygląd i skuteczność w pracy.

2

- Co oznacza dla ciebie zdrowy styl życia?
- Jest to umiarkowane spożycie alkoholu, odpowiednia ilość snu, uprawianie sportu, zdrowa dieta itd.

### Fragen und Antworten

1

- Was bedeutet Gesundheit für dich?
- Gesundheit bedeutet für mich meine Stimmung, Erscheinung und Effizienz bei der Arbeit.

2

- Was bedeutet für dich ein „gesunder Lebensstil"?
- Es bedeutet gemäßigter Alkoholkonsum, ausreichend Schlaf, Sport betreiben, eine gesunde Ernährung usw.

3

- Jak jesteś nastawiona do palenia?
- Jestem przeciwna, ale mój mąż i koledzy w pracy palą.

4

- Często idziesz biegać rano?
- Idę biegać każdego ranka.

5

- Chodzisz na basen? Jeśli tak, to jak często?
- Chodzę na basen trzy razy w tygodniu. Uczę się tam pływać.

6

- Co myślisz o zdrowej diecie?
- Zdrowa dieta oznacza więcej owoców i warzyw.

7

- Często wychodzisz na dwór?
- Tak. Często robię wycieczki przyrodnicze z moją rodziną. Bycie na dworze jest bardzo korzystne.

# C

Łatwo powiedzieć «łatwo używać».

Niektórzy ludzie są samotni, ponieważ budują mury zamiast mostów.

---

3

- Wie ist deine Haltung gegenüber Rauchen?
- Ich bin dagegen aber mein Ehemann und Arbeitskollegen rauchen.

4

- Gehst du morgens oft joggen?
- Ich gehe jeden Morgen joggen.

5

- Gehst du ins Schwimmbad? Wenn ja, wie oft?
- Ich gehe dreimal die Woche ins Schwimmbad. Ich lerne dort schwimmen.

6

- Was hältst du von gesunder Ernährung?
- Eine gesunde Ernährung bedeutet mehr Obst und Gemüse.

7

- Gehst du oft raus?
- Ja, oft. Ich mache oft mit meiner Familie Ausflüge in der Natur. Draußen zu sein ist sehr heilsam.

„Leicht zu benutzen" ist leicht gesagt.

Manche Menschen sind einsam, weil sie Mauern anstatt Brücken bauen.

Przyjaciel to prezent, który
sam sobie sprawiasz.

Ein Freund ist ein Geschenk,
dass man sich selbst schenkt.

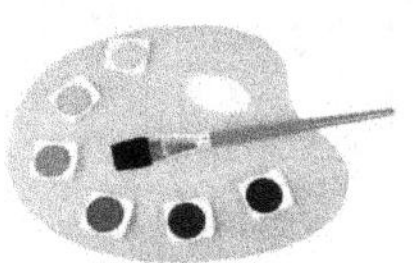

## 14

## Przełam lody
### Brich das Eis

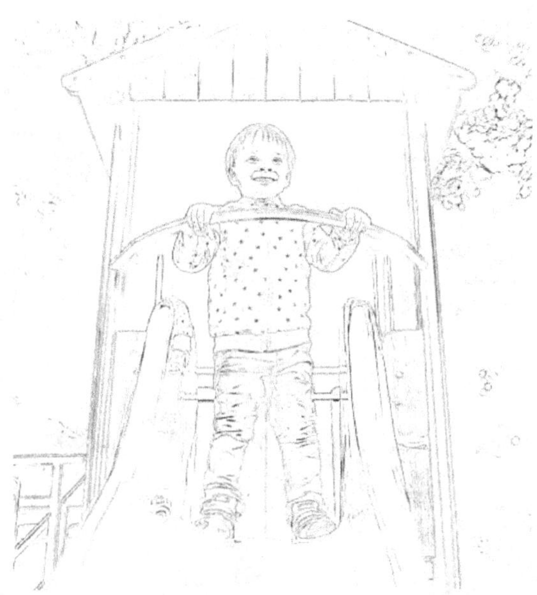

Mały Robert bawi się na placu zabaw.

Der kleine Robert spielt auf dem Spielplatz.

„Robert, chodź do domu!" woła go mama. Robert patrzy w górę na swoją mamę.

„Robert, komm nach Hause!" ruft seine Mutter. Robert sieht zu seiner Mutter auf.

„Czy jestem zmęczony?" pyta swoją mamę.

„Bin ich müde?" fragt er seine Mutter.

„Nie, kochanie", odpowiada mama Roberta.

„Nein, Lieber", antwortet Roberts Mutter.

„Czy jest mi zimno?" pyta ponownie.

„Ist mir kalt?" fragt er wieder.

„Nie, kochanie. Jesteś głodny",
mówi mama.

„Dobrze, mamo! Już idę!" mówi
radośnie Robert i szybko biegnie do
domu.

„Nein, Schatz. Du hast
Hunger", sagt die Mutter.

„Okay, Mama! Ich komme!"
sagt Robert glücklich und rennt
schnell nach Hause.

## Jedzenie
### Nahrung

 **A**

Uważam, że jedzenie
powinno być smaczne i zdrowe.
Niestety taka kombinacja jest
rzadka. Śniadanie jest
najważniejsze. Zazwyczaj na
śniadanie jem gotowane jajka i
kanapki. Czasem piję kawę. Na
obiad zazwyczaj jem zupę, steka,

Ich denke das Nahrung
schmackhaft und gesund sein sollte.
Unglücklicherweise ist diese
Kombination jedoch selten. Frühstück
ist das Wichtigste. Ich esse
normalerweise gekochte Eier und
Sandwichs zum Frühstück. Manchmal
trinke ich Kaffee. Zum Mittagessen

ziemniaki i sałatkę. W połowie dnia można się napić herbaty i zjeść ciasteczka. Kolację zwykle jem w domu, bo dobrze gotuję. Zazwyczaj przygotowuję rybę albo mięso z dodatkami. Na deser można zjeść lody. Przed snem lubię się napić szklankę ciepłego mleka z miodem. W weekendy chodzę z moim mężem do restauracji. Za każdym razem idziemy do innej. Ostatnim razem poszliśmy do włoskiej restauracji. Zamówiliśmy lasagne po neapolitańsku. Bardzo nam smakowała. Mają tam bardzo smaczne lody. Moje ulubione to te o smaku orzechowym.

gibt es normalerweise Suppe, Steak, Kartoffeln und Salat. Man kann Nachmittags Tee trinken und Kekse essen. Normalerweise esse ich zu Hause zu Abend, weil ich ein guter Koch bin. Normalerweise mache ich Fisch oder Fleisch mit einer Beilage. Man kann Eis als Dessert essen. Ich trinke gerne ein Glas warme Milch mit Honig vor dem schlafen. An den Wochenenden gehe ich mit meinem Ehemann ins Restaurant. Wir gehen jedes mal in ein anderes. Letztes mal waren wir beim Italiener. Wir bestellten die Neapolitanische Lasagne. Wir mochten sie sehr gerne. Sie haben köstliches Eis. Erdnusseis ist meine Lieblingssorte.

# B

## Pytania i odpowiedzi

### 1

- Czy jedzenie powinno być zdrowe?
- Tak, powinno, ponieważ jest to podstawa dobrego zdrowia.

### 2

- Co zazwyczaj jesz na śniadanie?

## Fragen und Antworten

### 1

- Sollte Nahrung gesund sein?
- Ja, sollte sie, denn sie ist die Grundlage unserer Gesundheit.

### 2

- Was isst du normalerweise zum Frühstück?

- Zazwyczaj jem gotowane jajka, kanapki i piję kawę.

### 3

- Co wolisz jeść na obiad?
- Zazwyczaj jem zupę, steka, ziemniaki i sałatkę.

### 4

- Pomijasz podwieczorek? Jeśli nie, to co jesz?
- W połowie dnia można się napić herbaty i zjeść ciasteczka.

### 5

- Zazwyczaj jesz kolację w domu czy w restauracji?
- Zazwyczaj jem kolację w domu, ponieważ bardzo dobrze gotuję.

### 6

- Co przygotowujesz na kolację?
- Przygotowuję rybę albo mięso z dodatkami.

### 7

- Lubisz desery? Co szczególnie?
- Po kolacji lubię zjeść lody.

### 8

- Jesz coś przed snem?
- Tak. Lubię się napić szklankę ciepłego mleka z miodem przed snem.

### 9

- Często chodzisz do restauracji?
- W weekendy chodzę do

- Normalerweise esse ich gekochte Eier, Sandwichs und Kaffee.

### 3

- Was bevorzugst du zum Mittagessen?
- Ich esse normalerweise Suppe, Steak, Kartoffeln und Salat.

### 4

- Überspringst du den Nachmittags-Tee? Wenn nicht, was gibt es dann?
- Man kann am Nachmittag Tee trinken und Kekse essen.

### 5

- Isst du normalerweise zu Hause zu Abend oder in einem Restaurant?
- Normalerweise esse ich zu Hause zu Abend, weil ich ein guter Koch bin.

### 6

- Was machst du zum Abendessen?
- Ich mache Fisch oder Fleisch mit einer Beilage.

### 7

- Magst du Desserts? Welches besonders?
- Ich mag gerne Eis nach dem Abendessen.

### 8

- Isst du etwas bevor du schlafen gehst?
- Ja, mache ich. Ich trinke ein Glas warmer Milch mit Honig vor dem schlafen.

### 9

- Gehst du oft in Restaurants?
- An den Wochenenden gehe ich mit

restauracji z moim mężem.

### 10

- Do jakiej restauracji poszliście ostatnim razem?
- Ostatnim razem poszliśmy do włoskiej restauracji.
- Co zamówiliście?
- Zamówiliśmy lasagne. Była bardzo smaczna.

### 11

- Lubisz lody? Jaki jest twój ulubiony smak?
- Tak, lubię lody. Lody orzechowe to moje ulubione.

meinem Ehemann in Restaurants.

### 10

- In was für ein Restaurant seid ihr letztes mal gegangen?
- Letztes Mal waren wir bei einem Italiener.
- Was habt ihr bestellt?
- Wir haben die Lasagne bestellt. Sie war sehr lecker.

### 11

- Magst du Eis? Welche ist deine Lieblingssorte?
- Ja, ich mag Eis. Erdnusseis ist meine Lieblingssorte.

# C

**Dowcip**

Nauczyciel: Gdzie leży Ameryka Południowa?

Uczeń: Nie wiem.

Nauczyciel: Gdzie leży Grenlandia?

Uczeń: Nie wiem.

Nauczyciel: Gdzie leży Bułgaria?

Uczeń: Nie wiem.

Nauczyciel: Poszukaj w swoim podręczniku.

Uczeń: Nie wiem gdzie jest mój podręcznik.

**Ein Witz**

Lehrer: Wo ist Südamerika?

Schüler: Ich weiß es nicht.

Lehrer: Wo ist Grönland?

Schüler: Ich weiß es nicht.

Lehrer: Wo ist Bulgarien?

Schüler: Ich weiß es nicht.

Lehrer: Schau im Lehrbuch nach.

Schüler: Ich weiß nicht, wo mein Lehrbuch ist.

# Przełam lody
## Brich das Eis

„Mamusiu, jaki smartfon miałaś, gdy byłaś mała?" mały synek pyta swoją mamę.

„Żadnego", odpowiada jego mama.

„A czy miałaś tablet?" pyta ponownie.

„Kiedy byłam mała, nie było ani tabletów, ani smartfonów", mówi mama do syna. Jej syn jest bardzo zaskoczony.

„Mama, welches Smartphone hattest du, als du klein warst?" ein kleiner Sohn fragt seine Mutter.

„Gar keins", antwortet seine Mutter.

„Hattest du ein Tablet?" fragt er wieder.

„Als ich klein war, gab es weder Tablets noch Smartphones", sagt die Mutter zu ihrem Sohn. Ihr Sohn ist sehr überrascht.

„Mamo, czy kiedy byłaś małym dzieckiem, to widziałaś dinozaury?" pyta ponownie.

„Nie, nie widziałam, kochanie. Nie jestem aż tak stara."

„Mama, hast du Dinosaurier gesehen, als du ein kleines Kind warst?" fragt er wieder.

„Nein, habe ich nicht, Lieber. So alt bin ich jetzt auch nicht."

## Moje dwa ulubione hobby
Meine Lieblingshobbys

Mam dwa ulubione hobby. Jednym z nich jest haftowanie. Moja babcia pięknie haftowała. Odziedziczyłam po niej ten talent. Zaczęłam haftować sześć lat temu. Moją pierwszą pracą były słowiki na jabłoni. Najbardziej lubię wyszywać kwiaty, ptaki i motyle.

Ich habe zwei Lieblingshobbys. Eines davon ist Sticken. Meine Großmutter konnte wunderschön sticken. Ich habe diese Fähigkeit von ihr geerbt. Ich habe vor sechs Jahren angefangen zu sticken. Meine erste Arbeit war die Nachtigall auf dem Apfelbaum. Ich sticke am liebsten

Większość moich prac wisi na ścianach u mnie w domu. Niektóre daję rodzinie i przyjaciołom na święta. Moim ulubionym haftem jest wielki bukiet rumianku w wazonie. Ten obraz wisi nad moim komputerem w moim biurze. Na ścianach w mojej kuchni wisi wiele haftowanych stylistycznych miniatur. Mam rónież wiele wyszywanych ręczników i chusteczek.

Moim drugim hobby jest projektowanie stron internetowych. Globalna sieć internetowa to jedna z głównych potrzeb ludzkości. Mój brat jest programistą. Kreuje strony internetowe na zamówinie. Ja pomagam mu je zaprojektować. Jestem biegłą użytkowniczką Photoshopa, a to pomaga mi w pracy. Pracuję nad projektowaniem stron około dziesięciu godzin tygodniowo. Resztę wolnego czasu spędzam na haftowaniu.

Blumen, Vögel und Schmetterlinge. Die meisten meiner Arbeiten hängen an den Wänden in meinem Haus. Einige bekommen meine Familie oder Freunde als Geschenk. Meine Lieblingsstickerei ist der große Kamillenstrauß in der Vase. Dieses Bild hängt über meinem Computertisch in meinem Büro. An den Wänden in der Küche sind sehr viele gestickte, stilistische Miniaturen. Ich habe auch viele gestickte Handtücher und Taschentücher.

Mein anderes Lieblingshobby ist Webdesign. Das Internet ist eines der wichtigsten Bedürfnisse der Menschheit. Mein Bruder ist Programmierer. Er erstellt Webseiten auf Anfrage. Ich helfe ihm sie zu entwerfen. Ich bin geübt in Photoshop und das hilft mir bei meiner Arbeit sehr. Ich arbeite etwa zehn Stunden die Woche an Webdesign. Meine restliche Freizeit verbringe ich mit sticken.

# B

| Pytania i odpowiedzi | Fragen und Antworten |
|---|---|

**Pytania i odpowiedzi**

**1**

- Masz jakieś hobby?

- Mam dwa ulubione hobby – haftowanie i projektowanie stron internetowych.

**2**

- Od jak dawna haftujesz?

- Zaczęłam haftować sześc lat temu.

**3**

- Czy ktoś w twojej rodzinie haftuje?

- Moja babcia pięknie haftowała. Odziedziczyłam po niej ten talent.

**4**

- Co było twoją pierwszą pracą?

- Słowiki na jabłoni.

**5**

- Co jeszcze lubisz wyszywać?

- Najbardziej lubię wyszywać kwiaty, ptaki i motyle.

**6**

- Co robisz ze skończonymi pracami?

- Większość moich prac wisi na ścianach w moim domu. Niektóre daję rodzinie i przyjaciołom na święta.

**Fragen und Antworten**

**1**

- Hast du Hobbys?

- Ich habe zwei Lieblingshobbys - Sticken und Webdesign.

**2**

- Wie lange stickst du schon?

- Ich habe vor sechs Jahren zu sticken angefangen

**3**

- Gibt es jemanden in deiner Familie, der stickt?

- Meine Großmutter hat wunderschön gestickt. Ich habe diese Fähigkeit von ihr geerbt.

**4**

- Was war deine erste Stickerei?

- Die Nachtigall auf dem Apfelbaum.

**5**

- Was stickst du sonst gerne?

- Ich sticke am liebsten Blumen, Vögel und Schmetterlinge.

**6**

- Was machst du mit fertigen Arbeiten?

- Die meisten meiner Arbeiten hängen an den Wänden in meinem Haus. Manche verschenke ich an meine Familie oder Freunde.

7

- Masz swój ulubiony haft?

- Tak, mam. Jest to wielki bukiet rumianku w wazonie.

8

- Co jeszcze wyszywasz?

- Mam dużo wyszywanych ręczników i chusteczek.

9

- Jakie strony internetowe projektujesz?

- Różne. Mój brat jest programistą, a ja pomagam mu je projektować.

10

- Używasz Photoshopa do projektowania?

- Jestem biegłą użytkowniczką Photoshopa, co bardzo mi pomaga w pracy.

11

- Ile czasu spędzasz na projektowaniu stron internetowych?

- Pracuję nad projektowaniem stron około dziesięciu godzin tygodniowo.

12

- Jak często haftujesz?

- Całą resztę wolnego czasu poświęcam na haftowanie.

7

- Hast du eine Lieblingsstickerei?

- Ja, habe ich. Es ist der große Kamillenstrauß in der Vase.

8

- Was stickst du sonst?

- Ich habe viele gestickte Handtücher und Taschentücher.

9

- Welche Webseiten entwirfst du?

- Verschiedene. Mein Bruder ist Programmierer und ich helfe ihm mit dem Design.

10

- Benutzt du Photoshop für deine Entwürfe?

- Ich bin geübt in Photoshop und es hilft mir sehr bei der Arbeit.

11

- Wie viel Zeit verbringst du mit dem Design von Webseiten?

- Ich arbeite etwa zehn Stunden die Woche an Webdesign.

12

- Wie oft stickst du?

- Den Rest meiner Freizeit verbringe ich mit Sticken.

# C

| **Dowcipy** | **Witze** |
|---|---|

«Proszę o ciszę,» mówi bibliotekarz do grupy hałasujących dzieci, «Ludzie dookoła nie potrafią czytać.»

„Bitte schweigen", sagt die Bibliothekarin zu einer Gruppe lauter Kinder, „die Leute herum können nicht lesen."

«Naprawdę?» zapytała mała dziwczynka, «To po co tutaj przyszli?»

„Wirklich?" fragt ein kleines Mädchen, „Warum sind sie dann hier?"

Nauczyciel: Lukas, twoje opowiadanie o psie jest takie samo jak opowiadanie twojego brata.

Lehrer: Lucas, deine Geschichte über einen Hund ist genau wie die deines Bruders.

Lukas: Oczywiście. Jest o tym samym psie.

Lucas: Natürlich. Es ist derselbe Hund.

## Potworny dowcip

## Ein Monsterwitz

Mały Potwór: Nienawidzę mojego nauczyciela.

Kleines Monster: Ich hasse meinen Lehrer.

Mama Potwór: W takim razie zjedz sałatkę kochanie!

Mutter Monster: Dann iss den Salat, Liebling!

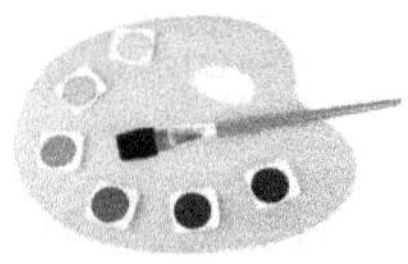

## Przełam lody
## Brich das Eis

“What does ‘I doubt it’ mean?” a little boy asks his mom.

“It means rather no than yes. But it can mean yes in other situations,” the mom explains to her son.

Later the son and the mom have some soup. The boy sits and looks at the window.

“Finish your soup, please,” the mom says to him. The son looks at his mom. The mom sees

„Was bedeutet ‘ich bezweifle es’?“, fragt ein kleiner Junge seine Mutter.

„Es bedeutet eher nein als ja. Aber es kann in anderen Situationen ja bedeuten“, erklärt die Mutter ihrem Sohn.

Später essen der Sohn und die Mutter etwas Suppe. Der Junge sitzt und schaut das Fenster an.

„Iss bitte deine Suppe auf“, sagt die Mutter zu ihm. Der Sohn sieht seine Mutter an. Die Mutter sieht, dass

that he is thinking hard.

   "I doubt it," he says at last.

er scharf nachdenkt.

   „Ich bezweifle es", sagt er schließlich.

## Sztuka
Kunst

 **A**

Jest wiele rodzajów sztuki. Ja lubię teatr, kino, sztukę plastyczną, haftowanie itd. Potrafię haftować. Byłam w Muzeum Narodowym w Warszawie. Znam takich malarzy jak Picasso, Van Gogh, Matejko,

Es gibt viele Kunstformen. Ich mag Theater, Kino, Kunst, Stickerei usw. Ich kann sticken. Ich war im Nationaluseum in Warschau. Ich kenne Maler wie Picasso, VanGogh, Matejko, Witkiewicz. Ich kann ganz

Witkiewicz. Umiem całkiem nieźle rysować. Umiem rysować przyrodę i ludzi. Czasem chodzę do teatru. Czasami chodzę również do kina. Lubię komedie, kryminały i dramaty. Zazwyczaj chodzę do teatru z moim mężem, ale czasem uda mi się pójść z moją mamą.

gut zeichnen. Ich kann Natur und Menschen zeichnen. Manchmal gehe ich ins Theater. Manchmal gehe ich auch ins Kino. Ich mag Komödien, Thriller und Dramen. Normalerweise gehe ich mit meinem Ehemann ins Theater und manchmal gehe ich mit meiner Mutter.

# B

### Pytania i odpowiedzi

**1**

- Jaką formę sztuki lubisz?
- Lubię teatr, kino, sztukę plastyczną, haftowanie itd.

**2**

- Co potrafisz robić?
- Potrafię haftować.

**3**

- Do jakich muzeów chodzisz?
- Byłam w Muzeum Narodowym w Warszawie.

**4**

- Jakich znasz sławnych malarzy?
- Znam takich malarzy jak Picasso, Van Gogh, Matejko i Witkiewicz.

**5**

- Kto jest twoim ulubionym malarzem?
- Moim ulubionym malarzem jest Matejko.

### Fragen und Antworten

**1**

- Welche Kunstformen magst du?
- Ich mag Theater, Kino, bildende Künste, Stickerei usw.

**2**

- Was kannst du?
- Ich kann sticken.

**3**

- In welche Museen gehst du?
- Ich war im Nationalmuseum in Warschau.

**4**

- Welche berühmten Maler kennst du?
- Ich kenne Maler wie Picasso, VanGogh, Matejko, Witkiewicz.

**5**

- Welcher ist dein Lieblingsmaler?
- Mein Lieblingsmaler ist Matejko.

6

- Umiesz rysować? Jeśli tak, to co potrafisz narysować?
- Potrafię rysować przyrodę i ludzi.

7

- Często chodzisz do teatru?
- Nie, nie za często, ale chciałabym chodzić częściej.

8

- Jakie filmy lubisz najbardziej?
- Lubię komedie, dramaty i kryminały.

9

- Zazwyczaj oglądasz filmy w domu czy w kinie?
- Zazwyczaj oglądam filmy w domu.

10

- Z kim najczęściej chodzisz do teatru?
- Najczęściej chodzę do teatru z moim mężem, ale czasem idę z moją mamą.

6

- Kannst du zeichnen? Wenn ja, was kannst du zeichnen?
- Ich kann Natur und Menschen zeichnen.

7

- Gehst du oft ins Theater?
- Nein, nicht oft. Aber ich würde gerne öfter gehen.

8

- Welche Filme magst du am liebsten?
- Ich mag Komödien, Dramen und Thriller.

9

- Schaust du Filme normalerweise zu hause oder im Kino?
- Normalerweise schaue ich Filme zu hause.

10

- Mit wem gehst du normalerweise ins Theater?
- Ich gehe mit meinem Ehemann ins Theater und manchmal mit meiner Mutter.

## C

Apetyt rośnie w miarę jedzenia.

Appetit kommt beim Essen.

Pięniądze są bardziej przekonujące niż logiczne argumenty.

Geld ist weit überzeugender als logische Argumente.

Lepiej późno, niż wcale.

Besser spät als nie.

# Buchtipps

**Das Erste Polnische Lesebuch für Anfänger**

**Zweisprachig mit Polnisch-deutscher Übersetzung Stufe A1 und A2**

Die Motivation des Schülers wird durch lustige Alltagsgeschichten über das Kennenlernen neuer Freunde, Studieren, die Arbeitssuche, das Arbeiten etc. aufrechterhalten. Die dabei verwendete Methode basiert auf der natürlichen menschlichen Gabe, sich Wörter zu merken, die immer wieder und systematisch im Text auftauchen. Sätze werden stets aus den im vorherigen Kapitel erklärten Wörtern gebildet. Die Audiodateien sind auf online inklusive erhältlich.

**Das Erste Polnische Lesebuch für Anfänger Band 2**

**Zweisprachig mit Polnisch-deutscher Übersetzung Stufe A2**

Dieses Buch ist Band 2 des Ersten Polnischen Lesebuches für Anfänger. Das Buch enthält einen Kurs für Anfänger und fortgeschrittene Anfänger, wobei die Texte auf Deutsch und auf Polnisch nebeneinanderstehen. Die dabei verwendete Methode basiert auf der natürlichen menschlichen Gabe, sich Wörter zu merken, die immer wieder und systematisch im Text auftauchen. Die Audiodateien sind online inklusive erhältlich.

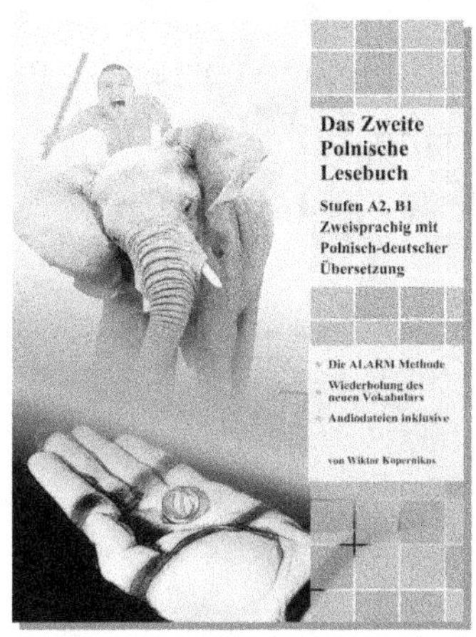

**Das Zweite Polnische Lesebuch**

**Zweisprachig mit Polnisch-deutscher Übersetzung Stufe A2 B1**

Der Privatdetektiv ist hinter der Frau her, die er liebt. Ehemaliger Luftwaffenpilot, entdeckt er einige Seiten in der menschlichen Natur, mit denen er nicht zurechtkommen kann. Neue Worte werden im Buch von Zeit zu Zeit wiederholt, dadurch können Sie sich leichter an sie erinnern. Die Audiodateien sind auf www.lppbooks.com/Polish/index_de.html inklusive erhältlich.

**Das Erste Polnische Lesebuch für Studenten**

**Zweisprachig mit Polnisch-deutscher Übersetzung Stufe A1 und A2**

Das Buch enthält einen Kurs für Anfänger und fortgeschrittene Anfänger, wobei die Texte auf Deutsch und auf Englisch nebeneinander stehen. Die Dialoge sind praxisnah und alltagstauglich. Die Audiodateien sind auf www.lppbooks.com/Polish/index_de.html inklusive erhältlich.

**Erste Polnische Fragen und Antworten für Anfänger**

**Zweisprachig mit Polnisch-deutscher Übersetzung Stufe A1**

Das Buch enthält einen Kurs für Anfänger und fortgeschrittene Anfänger, wobei die Texte auf Polnisch und auf Deutsch nebeneinander stehen. Das Buch enthält viele Beispiele für Fragen und

Antworten im Englischen. Sätze werden stets aus den im vorherigen Kapitel erklärten Wörtern gebildet. Die Audiodateien sind auf www.lppbooks.com/Polish/index_de.html inklusive erhältlich.